中学优秀教研组
建设方略

主　编　徐　勇　　徐爱琳
副主编　伍贤军　　王阳兰
编　委　李绍奉　李　倩　吕　茜　杨　严　张　佳　牟如林
　　　　谢　婷　易　莎　谢　智　张海利　李元凤　梁雪莲
　　　　徐蕴耀　李　妮　程世娇　胡　涛　杨　怡　张国琴
　　　　何桂桦　鲁雪琳　赵　禹　沈玲静　刘小韵　罗越琳
　　　　侯艾君　何　刚　李　宝　刘宏建　缪　璇

四川大學出版社
SICHUAN UNIVERSITY PRESS

图书在版编目（CIP）数据

中学优秀教研组建设方略 / 徐勇，徐爱琳主编．
成都：四川大学出版社，2024.6. — ISBN 978-7-5690-6984-6

Ⅰ．G632.4

中国国家版本馆 CIP 数据核字第 2024HZ9708 号

书　　名：	中学优秀教研组建设方略
	Zhongxue Youxiu Jiaoyanzu Jianshe Fanglüe
主　　编：	徐　勇　徐爱琳

选题策划：	胡晓燕
责任编辑：	胡晓燕
责任校对：	王　睿
装帧设计：	墨创文化
责任印制：	王　炜

出版发行：四川大学出版社有限责任公司
　　　　　地址：成都市一环路南一段 24 号（610065）
　　　　　电话：（028）85408311（发行部）、85400276（总编室）
　　　　　电子邮箱：scupress@vip.163.com
　　　　　网址：https://press.scu.edu.cn
印前制作：四川胜翔数码印务设计有限公司
印刷装订：成都市新都华兴印务有限公司

成品尺寸：148 mm×210 mm
印　　张：7
字　　数：174 千字

版　　次：2024 年 6 月 第 1 版
印　　次：2024 年 6 月 第 1 次印刷
定　　价：58.00 元

本社图书如有印装质量问题，请联系发行部调换

版权所有　◆　侵权必究

扫码获取数字资源

四川大学出版社
微信公众号

前 言

2019年，教育部发布的《教育部关于加强和改进新时代基础教育教研工作的意见》指出，"校本教研要立足学校实际，以实施新课程新教材、探索新方法新技术、提高教师专业能力为重点，着力增强教学设计的整体性、系统化，不断提高基于课程标准的教学水平。学校要健全校本教研制度，开展经常性教研活动，充分发挥教研组、备课组、年级组在研究学生学习、改进教学方法、优化作业设计、解决教学问题、指导家庭教育等方面的作用"。为了贯彻教育部文件精神，根据《成都高新区关于加强教研组建设提升校本教研质量的意见》的要求，为充分发挥教研组支撑引领学校教育教学教研的功能，强化学校教育主阵地作用，成都高新区于2021年10月组织开展优秀教研组和示范教研组的评选活动，成都市中和中学生物教研组荣获优秀教研组和示范教研组称号。为进一步凝练教研组建设研究与实践成果，成都市徐勇名师工作室研究团队在已有研究成果的基础上继续开展深入研究，从新的视角探索教研组建设的理论与实践问题，助力新课程的实施和区域教育的高质量发展。

本研究团队在学习和领会国内外相关教学理论及有关教研组建设成果的基础上，扎根于教研组建设一线，深入开展实践研究，产生了一批教研模式、大量活动案例及教研组建设特色成果，形成了本书呈现的实践研究新成果。

第一章教研组组织、制度及文化建设较为系统地阐释了教研组组织建设的原则与理论基础、教研组制度建设的内容、教研组文化建设的内涵和策略。

第二章教研组课程建设、课题建设及课堂建设系统构建了教研组课程建设的实施路径，课题研究的基本过程，课堂建设遵循的原则、实施的过程以及评价与改进建议等，并列举了大量鲜活案例作支撑。

第三章教研组资源建设与教师发展重点阐述了教研组人力资源库、学习资源库、课例资源库以及教研资源库的建设方式，教师组教师个人和团队发展的策略等。

第四章教研组活动模式、特色成果及建设经验全面梳理了教研组建设的优秀活动案例，进而凝练出具有新时代特征的教研模式、特色成果以及建设经验。

本书基于中学优秀教研组建设的需求，为了便于理解教研组建设的具体方略，在文字上力求深入浅出，增强可读性；在凝练教研组建设理论成果时特别注重实践应用，列举了大量经典案例，增强了实用性。内容力求将教研模式的开发与经典案例并重，方便操作且易于模仿，有力推动新课程的实施，助力教师的专业成长。

本研究团队秉持严谨和求实的科学态度、一丝不苟和追求卓越的科学精神，在不断学习、实践、反思与总结中，克服重重困难，最终淬炼出本书呈现的成果。本书采取分工合作的方式完成编撰工作，是研究团队经过集体研究、讨论和碰撞的智慧结晶。徐勇完成全书的构思、体例与内容框架的设计，徐爱琳、伍贤军、王阳兰、李绍奉、李倩、吕茜分别参与了章节的体例与内容设计工作。徐勇承担了书稿撰写的指导工作、全部章节的修改工作以及全书的统稿工作；徐爱琳承担了第三章、第四章的统稿与校稿工作；伍贤军承担了第二章的编写组织、指导和统稿工作，第三章、第四章的校稿工作；王阳兰承担了第四章第一节、第二节的编写组织、指导和统稿工作，第一章、第二章的校稿工作；李绍奉承担了第一章的编写指导和统稿工作；李倩承担了第三章的编写指导工作；吕茜承担了第四章第三节的编写指导和统稿工作；李元凤承担了第四章部分案例的编写指导和统稿工作。具体编写分工如下：

第一章编写者：李绍奉、杨严、张佳、徐勇、杨怡、张国琴、何桂桦。

第二章编写者：伍贤军、牟如林、谢婷、徐勇、李元凤、梁雪莲、徐蕴耀、李妮、程世娇、胡涛、鲁雪琳、赵禹、沈玲静、缪璇。

第三章编写者：李倩、易莎、刘小韵、罗越琳、徐爱琳、徐勇。

第四章编写者：王阳兰、谢智、张海利、吕茜、侯艾君、何刚、李宝、徐勇、徐爱琳、刘宏建。

本书具有较强的时代性、普及性与可操作性，聚焦于解决问题，可供中学教师、教研员及师范院校师生学习参考。

由于编者的学识水平有限，加之时间仓促，书中疏漏和错误之处在所难免，恳请专家学者、广大师生不吝赐教。

编　者

2024 年 2 月于成都

目 录

第一章　教研组组织、制度及文化建设……………………（1）
　第一节　教研组组织建设………………………………（1）
　第二节　教研组制度建设………………………………（13）
　第三节　教研组文化建设………………………………（23）

第二章　教研组课程建设、课题建设及课堂建设…………（32）
　第一节　教研组课程建设………………………………（32）
　第二节　教研组课题建设………………………………（51）
　第三节　教研组课堂建设………………………………（67）

第三章　教研组资源建设与教师发展………………………（135）
　第一节　教研组资源建设………………………………（135）
　第二节　教研组教师发展………………………………（148）

第四章　教研组活动模式、特色成果及建设经验…………（160）
　第一节　教研组活动模式………………………………（160）
　第二节　教研组特色成果………………………………（184）
　第三节　教研组建设经验………………………………（202）

参考文献……………………………………………………（210）

第一章　教研组组织、制度及文化建设

教研组是学校管理和研究教学的基层组织，也是中小学教师从事教学与研究，实现教师专业成长的共同体。教研组是教师提升专业素养的平台，可以帮助教师更新教学理念、探索教学实践。加强教研组组织、制度和文化建设是提高教师专业化水平的重要前提，教师的专业化水平决定着学科教学质量水平。

第一节　教研组组织建设

教研组作为基层教学组织，是教学单位的业务主体，是负责推进学校教学运行、开展教学研究与教学改革、促进教师教学成长与发展、提升教师教学水平和指导学生学习的教学共同体。加强教研组建设，是推进素质教育的迫切需要；是发挥教师聪明才智和广开言路，以解决教学问题、深化课程改革的需要；是加强校本研修、提升教师专业素养的重要举措。

一、教研组的沿革和组织构成

（一）教研组的历史沿革

1949年以前，我国中小学不存在教研组的设置，最接近教研组建制的是教学组和各科教学研究会。教学组负责教学实施和教学研究，由非行政教师组成。各科教学研究会属于官方主导的学术性社会团体，主要从事有关课程教材及教法等研究改革工作。

1949年后，借鉴苏联模式建立的教学法小组成为我国教研组的雏形，其主要任务是组织教学法研究会议，讨论改进教学内容和教学方法，交流、总结经验。教学法小组是团结教师进行教学法研究的机构，并非学校的一级行政组织，对规范教师的课堂教学、有效培养合格师资、帮助新教师尽快入职等做出了重要贡献。

1952年，教育部颁发的《中学暂行规程（草案）》《小学暂行规程（草案）》是有关我国现行教研组最早的法规依据。其明确规定：中学各学科设立教学研究组，以研究改进教学工作；小学由全体教师依照学科性质、根据本校具体情况分别组织研究组，各组设组长1人，主持本组教导研究会议，研究改进教导内容与方法，并交流和总结经验。这标志着教学研究组首次在国家文件中出现。教学研究组的主要任务是讨论及制定各科教学进度，研究教学内容及教学方法。不过，当时学校的办学规模很小，小学一般实行教师"包班制"，大多为一名教师负责该班全部学科的教学，中学有2~3个班的也不多见，因而同学科的教师往往很少。此外，为数不多的同学科教师还要承担不同年级的课程教学。所以就教学研究而言，当时的学校不存在建立教学研究组的迫切需求。

教育部于1957年颁发的《中学教学研究组工作条例（草案）》（以下简称《条例》）第一次出现"教研组"这个名称。《条例》提出："教研组"是"教学研究组"的简称，是"各科教师的教学研究组织"，任务是"组织教师进行教学研究工作，总结、交流教学研究经验，提高教师思想、业务水平，以提高教学质量"，工作内容包括"学习有关中学教育的方针、政策和指示"

"研究教学大纲、教材和教学方法""结合教学工作钻研教育理论和专业学科知识""总结、交流教学和指导课外活动的经验"。"同一学科教师在3人以上者成立教研组，不足3人者可联合相近学科教师成立教研组"，"教研组设组长1人"，负责组织领导教研组的工作，"由校长聘请有教学经验，并有一定威信的教师担任"。

1986年，全国中小学教材审定委员会召开全国教研室主任会，总结了以前的教研工作，肯定了教研工作的重要性。1990年，国家教委发布了《关于改进和加强教学研究室工作的若干意见》，要求省、地（市）、县（区）都要设立教学研究室，接受上级教研部门的指导，探索教学规律，推动教学改革。1999年，第三次全国教育工作会以中央文件的形式规定了学校课程在中学阶段可以占比16%。同年颁布的《中共中央 国务院关于深化教育改革全面推进素质教育的决定》再一次申明学校教育必须破除统一性，发挥自主性，重视差异性，塑造特色性。2001年颁布的《基础教育课程改革纲要（试行）》将教研部门确定为课程改革的支撑力量。2003年，教育部发布的《关于改进和加强教学研究工作的指导意见（征求意见稿）》明确指出，要适应课程改革的需要，建立以校为本的教学研究制度。学校教研组建设在校本研究大力提倡的基础上受到日益关注。

随着基础教育改革和中小学课程教材的发展，新教师不断增多，急需高素质、专业化的教师队伍，教研组建设的重要性也逐渐凸显。2019年，《教育部关于加强和改进新时代基础教育教研工作的意见》指出，学校要健全校本教研制度，开展经常性教研活动，充分发挥教研组、备课组、年级组在研究学生学习、改进教学方法、优化作业设计、解决教学问题、指导家庭教育等方面的作用。特别是2021年7月，中共中央办公厅、国务院办公厅印发了《关于进一步减轻义务教育阶段学生作业负担和校外培训负担的意见》,对教师改进教学方法、优化作业设计、解决教学问题、指导家庭教育等方面提出了更高要求。作为教育教学工作的基层组织和教师专业成长的共同体,教研组建设质量的高低决定着学校教育教学工作的成败,影响着"双减"政策的落地。

(二)教研组的组织构成和目标

1. 组织结构

组织结构是指组织内部各要素的关系及其分工合作、相互协调所形成的体系。当管理者要安排组织成员工作、执行组织职能、实现组织目标时,组织结构就是组织内执行职能时的任务安排,其是将工作拆分成若干不同的任务,再协调整合起来以实现工作目标的各种方法的总和。[①] 一般情况下,中学教研组的组织结构如图 1-1 所示。可见,学校的教研机构在校长或教学副校长的指导下,通常设有四个组织、三个层次,即教务处、研培处(教研室或教科室)→教研组→备课组,当然组织结构应基于学校不同规模、不同时期的办学目标、成员的不同特点等做到因时而变、因势而变。例如,有些学校会因为任务需要增设课题组、命题组、课程组等。

[①] 亨利·明茨伯格著,魏清江译:《卓有成效的组织》,浙江教育出版社,2020年版,第 5 页。

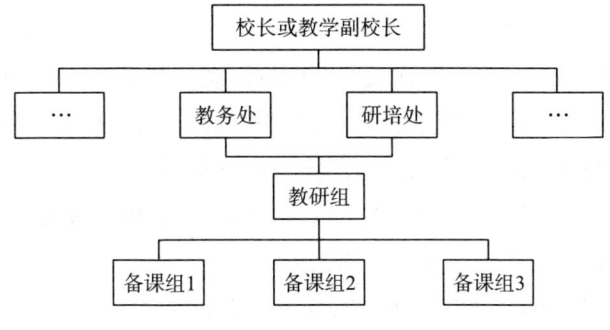

图 1-1　中学教研组的组织结构

2. 组织负责人

教研组组长是当下校本教研的直接参与者，也是教研实践团队的引领者和示范者，承担着中学学科教育计划的制订工作，同时也承担课程教学、教学指导和研究等任务的组织与实施。因此，教研组组长一般由该学科业务能力、管理能力都较强的教师担任。作为教研组组长除要具备较高的专业学识水平和业务能力外，还需要有服务团队的意识、较强的组织和管理能力以及强烈的问题意识。在校本研究中，善于激发组内成员的积极性、主动性、创造性和参与意识，协调彼此的关系，让组内教师形成集体合力，发挥最大的团队优势，从而实现团队的共同成长。

3. 教师结构

教师结构是指各级各类学校教师队伍的构成状况，包括教师的专业构成和教育程度构成、学历构成、职称构成、年龄构成以及性别构成等。合理的教师结构是教研组高效运转的重要条件。在教研组中，老中青教师比例适中，初级、中级、高级职称教师结构均衡，男女教师人数相当，受教育专业背景多元，都有利于教师团队建设，同时也有利于开展丰富多元的教研活动，还有利于组织内部成员形成"传帮带"的良性循环，营造良好的教研氛围。

4. 组织目标

组织目标是在组织成员的共同价值观的基础上，建立的组织成员对组织发展的共同愿景。它是组织成员共同认可、接受并内化为自身追求的组织使命、任务、目标以及价值信念体系。一个好的组织目标能够给组织成员以归属感、承诺感，成为成员行动的指南针，使组织孕育无限的生机和创造力，并使分散在不同层次、不同领域的成员能够为实现组织共同的目标而协同一致地工作。

二、教研组职能和运行流程

（一）教研组职能

教研组在促进教师专业发展、推进教育教学改革、形成学校文化和凝聚力等方面起着关键作用。它是教师专业发展的重要平台，也是形成专业归属感的发源地，其核心目标是发展学科教师的各类素养，进而提升学校的教育教学水平。

1. 研究职能

"研究教学问题"是教研组最基本的职能，教研组需要引领组内教师立足于学校实际，以新课程、新教材、新高考实施过程中出现的问题为研究对象，建构可能的解决方案并再次实践，达成以研促教的目的，形成"实践—反思—再实践"的教育活动机制与模式，推动教研活动持久深入地开展，使教育教学进入良性循环状态。教研组的研究工作主要分为三个方面：一是常规教学研究工作，主要是开展对新课标、新教材、新教法、学生学法、教育技术与教学整合，以及考试与命题等方面的研究；二是课程研究工作，在国家课程的基础上，基于学校和地方特色，为促进学生全面发展、提升综合素质而开设和研究特色课程；三是课题研究工作，主要是寻找有价值的课题，从新的视角审视教学中的问题，在实践中创新解决方案，拓展解决思路。同时，掌握课题研究的基本步骤和方法，也能帮助教师提升专业水平。

2. 培训职能

作为学校的基础组织和合作团体，教研组具有组织教师学习和培训的职能。为适应新时代教育教学的要求和学生特点的变化，教师需要终身学习提高自己的业务水平。因此，教研组要充分利用丰富的人力和物力资源，搭建教师学习的平台。例如，成立学科共同体、名师工作室，开展知名学校跟岗培训、专家指导、跟踪视导等活动；提供灵活多样的学习方式，如个人自学、同伴互助、师徒结对、青蓝工程、同课异构等方式；组织包括教育方针、政策、师德规范、教育学、教育心理学和学科知识等在内的相关内容学习，让教师在智慧碰撞中提升素养，不断超越自我。

3. 管理职能

教研组不是严格意义上的学校行政组织，但仍然承担了制订学科教学计划、组织集体备课、日常考勤、考试命题安排、公开课组织、教案与作业检查、教学竞赛组织、资源收集和整理、教师进修、业务考核等管理职能。可见，在新形势下，教研组作为学习基层的管理实体，不仅担负着教师的教研管理职责，而且对教师的专业发展也有监督和指导作用。教研组成立的初衷是强调突出其学术性和专业性，因此弱化教研组的行政职能，将教研组转变为一个适应课程改革、学校办学水平和教师专业发展需要的学习型组织，能更好地适应新一轮课程改革的需要。

(二) 教研组工作流程

教研组工作流程指教研工作的顺序，包括开展教研工作的步骤、阶段、环节和程序等。其反映了教研工作开展中各个环节之间的关联，具有逻辑性、推进性和动态性等特征。

1. 以学期为单位的教研工作流程

学期是学校工作中重要的时空尺度，因此，以学期为单位的教研工作流程如图1-2所示。[①]

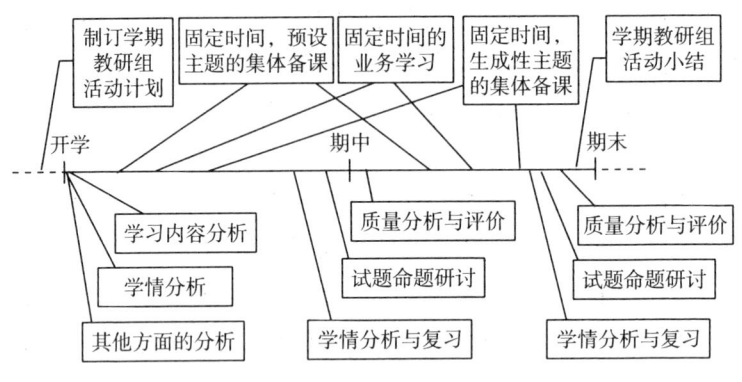

图1-2 以学期为单位的教研工作流程

2. 以任务为维度的教研工作流程

对于比较成熟的教研组，除了完成常规教研任务，还需要承担更多的大型活动，如教师技能大赛、教师教材培训和课题研究等任务。因此，以任务为维度的教研工作流程（见图1-3）比以学期为单位的教研工作流程更有利于任务的高效完成。

---

① 梁威、卢立涛、黄冬芳等：《夯实基础：中国特色教研组建设》，北京师范大学出版社，2014年版，第37页。

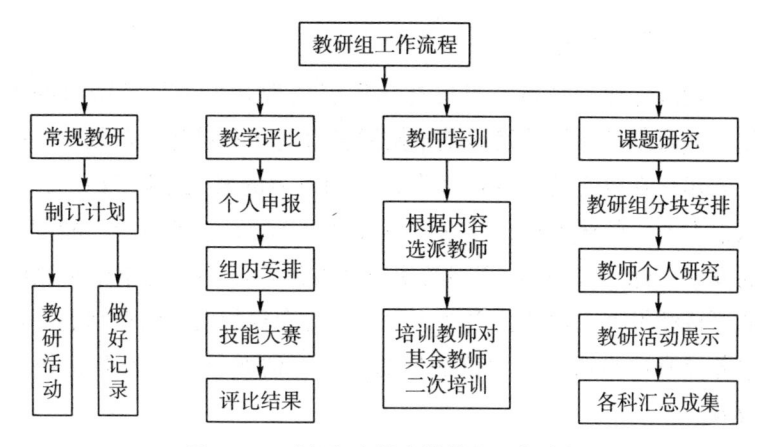

图 1-3 以任务为维度的教研工作流程

依据教研流程开展教研工作，能确保教研工作有条不紊、富有成效地开展，提高教研工作的有效性。因此，一个优秀的教研组必须重视教研工作流程，并在动态操作过程中不断规范优化，完善教研组的建设。

三、教研组建设的原则、理论基础及意义

（一）教研组建设的原则

教研组建设的原则是指在教研组建设过程中遵循的价值准则，主要包括以下几个方面。

1. 师本性原则

教师队伍建设是学校发展进程和水平的决定性因素，是学校的发展之本。因此在教研组建设过程中，应坚持以教师发展为本。坚持以教师发展为本，就是要关注教师的心理安全，尊重教师自我实现的需要。只有教师心理健康，人格得到尊重，进而实现自己的人生价值，才能保证教研组持久的"造血"功能。

2. 发展性原则

发展性原则是指要以可持续发展的理念来统领教研组的工作。教研组的可持续发展是指按照教育规律和趋势，把教研组的发展建立在科学的具有长远生命力和效力的发展思路与举措上，从根本上、整体上进行谋划，使教研组实现不断超越、不断创新的发展目标。[①] 因此，规划教研组的发展，需要思考学生和教师的可持续发展，也应该以学生学科核心素养的发展和教师的专业素养提升作为增值性评价的依据，来评估教研组工作和建设的成效。

3. 开放性原则

为促进教师教育观念的转变，教研组应坚持"走出去"和"请进来"相结合，利用名师的辐射引领作用，开放教研组、备课组活动，开放课堂教学活动，倡导沙龙式教研，强调资源共享，充分发挥教师的主动性，让教师的个人智慧和集体智慧在碰撞中发挥最大效益。

（二）教研组建设的理论基础

1. 组织协作理论

组织协作理论认为协作的意愿、共同的目标加上信息沟通是协作组织的三要素，即组织成员首先要有为组织做贡献的想法，这个想法使个人与组织联系起来，也是团队形成的前提；每个成员的想法还要体现到组织目标上来，形成所有成员的共同目标，从而使组织的凝聚力得到加强；信息是沟通的桥梁，将为组织做贡献的意愿和组织的目标联系起来，并使二者协调一致。

[①] 王永和：《教研组建设简论》，华东师范大学出版社，2008年版，第105页。

2. 团体动力理论

团体动力理论指出，个体不是孤立的个别属性的机械相加，它是在一定的生活空间里组织为一个完整的系统。通过引起社会团体变化来改变其个体要比直接改变个体容易得多，这就是整体比部分重要的基本思想。在这个系统中，民主团体结构更稳定，成员的感情和目标更容易得到发展。因此，教研组建设要有明确的整体奋斗目标，教研组组长要有民主管理意识，教研组成员要有主人翁意识，使教研组成为一个和谐、民主和上进的团队，发挥教研组团队的整体功能。

3. 合作竞争理论

合作竞争理论认为利益主体间的竞争有利于提高利益主体内部成员的积极性，其他利益主体的合作竞争情况也会影响该利益主体内部的合作竞争程度，合作与竞争是一种辩证统一的关系。合作竞争成功的三大要素为贡献、亲密和愿景。其中，贡献是成员借助彼此的核心能力，减少重复与浪费，创造新机会，它是合作竞争成功的最根本要素；亲密是指合作竞争关系中的成员相互信任、资源共享，其亲密的关系超越了一般的交易伙伴；愿景描述了合作实现的目标和实现目标的路径，可以激发成员的工作热情和创造性。教研组作为学校教学管理的基本单位，承担着保障和提升学科教学质量的重任。教师的劳动本质上既有竞争也有合作，通过竞争，可以激发每一位教师的潜能，形成比、学、赶、帮、超的良性竞争局面；通过合作，可以凝聚每一位教师的个人智慧，实现教研组整体实力的倍增效应。

（三）教研组建设的意义

加强教研组建设对促进教师的专业成长、推动学科高质量发展、促进学校的内涵发展等意义重大。

1. 促进教师的专业成长

教学研究既是教师个体的教学行为，更是教师集体的研究行为。 学校教研组是最基层的教师专业组织，是教师直接面对的、关系最密切的专业发展平台。校本研究中的备课组、教研组、课题组、课程组等互通信息，共建资源、成果共享的平台，构建同事互助型教师文化氛围，可以让教师在忙碌而充实的工作中感受快乐，在尊重和接纳的氛围中学习成长，在竞争和协作中多赢共进。教研组是教师专业成长的土壤，是实施有效教学的依托。

2. 推动学科高质量发展

加强学科教研组建设能够汇集教师的智慧，在常规教研工作中，通过集体备课、听课和研课等活动提升教师专业素养和教学基本功，在课程建设研讨和实践中共同探讨课程建设，优化课程设置，提高课程质量。同时，教研组还为教师提供了研究问题的平台，有助于教师深入挖掘学科内涵，探索学科发展规律。通过开展学术研讨，课程、课题和课例研究等活动，教研组可以持续推动学科研究的深入开展，为学科的发展提供有力支撑。

3. 促进学校的内涵发展

学校的内涵发展离不开教育科研与校本教研，而教育科研与校本教研的主体是教师，研究的对象是教学中亟待解决的具体问题，研究过程贯穿教师的自我反思、同伴互助和专业引领，可见教育科研与校本教研与教师息息相关。教研组作为教师学习共同体，是教育科研与校本教研的主阵地，推动与促进各学科教研组建设，有利于推动学校的内涵发展，打造学校的办学特色。

通过加强教研组建设，教师团队的合作精神能得到较好培养，教育教学水平能得到有效提升，也能促进学生的全面发展。在教研组建设过程中，要注重细节，确保每个环节都得到有效落实和评估。同时，要不断总结经验，不断完善和优化方案，以适应教育教学的变化和发展。

第二节　教研组制度建设

教研组制度建设要与时俱进，基于学生的发展需求，建立科学的教研组制度，规范教研组和教师的行为，转变教师的教学理念，提高教学水平，提升教研质量，推动教研组可持续发展。

一、教研组制度建设的意义

（一）学校发展的需要

学校发展的重要力量是师资队伍的建设，教研组肩负学校校本教研和教学质量提高的重任，为学校发展提供真正内在、持续发展的动力。一方面，教研组可以提高教师参与教学活动的主动性，激发教学研究的热情，发展教师的专业能力，进而提升学校整体的教学质量。另一方面，以教研组为单位开展校本研究和课程开发，凸显各学校的特色课程，促进学校的课程建设。因此，教研组制度建设对教研组发展起到积极规范和保障作用，重视教研组制度建设是学校发展的重要任务。

（二）利于教师专业发展

教研组使教师在研究中获得成长，积累教学经验，提升专业能力，从而提高学校整体的师资水平。[1] 随着我国教育不断发展，对教师的专业化要求越来越高，教师不仅要完成日常的教学任务，还要能够处理专业领域出现的问题。如何提升教师的专业

---

[1] 刘静：《基于学习共同体的普通高中教研组建设研究》，黑龙江大学硕士论文，2021年。

能力？教研组便是一个教师进行教研活动的最佳平台，教师通过教研活动可以完成教学任务、提高自身能力，实现自我专业成长。教研组运作情况直接影响教研活动的质量，同时教研组的运转离不开科学的教研组制度。教研组制度建设是教研组活动开展、教研组工作持续发展的有力保障，可以明确教师的工作方向，提高工作质量和效率。

（三）助力教研组良性发展

教研组是教师开展教学研究的平台，是提高教师教学能力的载体，也是教师进行合作学习、分享研究成果、交流经验的场所。教研组本质特征是专业化，要以提高教师的教学能力和科研能力为目的。但是，教研组的发展面临教研内容缺乏特色、学习氛围不浓厚、缺乏共享意愿，教研组组长组织力欠缺，教师之间缺乏交流与合作、教研活动次数少，活动的时间和地点不确定、教研方式局限于集体备课、听评课等问题。因此，需要建立科学的教研组制度，规范教研活动的开展，促进教研组的良性发展，提升教研质量，使得教研工作落到实处。

（四）新课程、新教材、新高考的必然要求

对教师来说，新课程、新教材、新高考意味着新理念、新要求、新机遇、新挑战。这要求教研组加大研究力度，结合本地本校实际，做好"三新"的落地工作。针对学科教学来说，核心素养怎么培养？大概念教学、大单元教学、项目式学习、实践教学等新的教学方式如何设计与实施？学科融合如何实现？过程性评价如何进行？如何从"教教材"向"用教材"转变？要解决这些问题，离不开教研组的引领。科学的教研组制度必然包含组织教师团队积极开展实践研究，开展"三新"研究，从而实现学科育人、科学育人。

二、教研组制度建设的原则和目标

教研组制度建设也应当遵守相应的原则，才能保障教研工作科学有序地开展。同时要确定教研组建设的目标，围绕促进教师专业发展和能力提高、健全教研组管理制度等方面展开。

（一）教研组制度建设的原则

1. 明确岗位职责

教研组的主要任务是研究教育教学方法，研究学科的教材教法和教学规律，研究学生的学习规律和学习方法，提高教学质量。要充分发挥教研组的作用，保证教学质量的提高，把教研组建设成为有明确岗位职责的团队。首先，严格教研组组长的选聘和培养工作，教研组组长是学校教研工作的引领者，在选聘过程中，必须从领导能力、沟通能力、协调组织能力等多方面综合考虑。确定教研组组长后，明确应承担的工作职责，如负责制定教研活动计划、安排活动内容、召集并主持活动、做好活动考勤记录，并及时向教导处汇报活动情况等。其次，明确教研组成员的分工。

2. 制度的科学性和合理性

完善和规范教研组制度，首先要保证各项制度科学合理，对教研工作有指导性。做到"以人为本"，立足于教研组实际，针对组内教师的具体情况，制定出具有高度针对性、灵活性和操作性的规章制度。[1] 对于教研组制度的完善与构建，可以采取广泛征求意见，根据本校教师结构、生源情况来制定科学的教研组制度，并在实践中不断探索完善，细化教研组制度，引领和规范教研组建设。

---

[1] 周侠：《学科教研组的职能及其建设》，载于《新课程研究（下旬）》，2011年第3期，第31~32页。

3. 制度的规范化

要构建起完善的教研组管理制度，就不能忽视教研组管理的任何一个方面，要尽可能细致地将每一个细节都考虑在内，包括针对整个教研组和教研组成员的具体要求。例如，日常教学工作开展和检查的制度，应包含组织集体备课，开展定期听课、教案检查等。要将教研组开展活动的时间、频率和内容进行制度化的规范，从制度上保证教研组活动的有序进行，争取实现教研活动的高效优质开展。[①] 同时，要在教研组活动中狠抓工作的落实，并加强监督力度，使教研活动不流于形式，引导教师不断创新和探索教学方式，针对自己存在的不足不断自我反思，提升业务能力。

（二）教研组制度建设的目标

1. 提升教师的专业能力

科学的教研组制度可以保障教研活动的顺利开展，避免教研活动流于形式，教师在参与多样化的教研活动中也可以提升教学教研能力和专业素养。教研组通过在教师专业成长中的引领作用来督促教师自觉地改进教学、转变教育理念、提高教学素养，使缺乏经验的年轻教师获得进步，让骨干教师成为名师，争取打造出优秀的教师队伍。

2. 获得系列化高质量的成果

教研组首先要把教师组织起来研究教材、教法、学法，结合教研组的传统和优势，精选教研重点课题和重点方向，展开文献、理论及现状调查等前期研究，提出研究问题的方案，然后开

[①] 黄琴：《学习共同体视域下的高中教研组建设研究——以 L 高中英语教研组为例》，杭州师范大学硕士论文，2021年。

展实践，最后进行成果总结、凝练及推广。通过教研组制度建设，各个教研组可以明确本组的方向，有序开展教学研究、课例研究、课程研究，最终在论文发表、课题获奖、课程建设等方面获得突出的成果。

3. 健全教研组管理制度

常规的教研组只是做一些事务性工作，如制订计划、填写表格、学期总结等。健全教研组管理制度，可以为教研组建设提供保障，重点是建设和实施好教研组常规活动制度、备课主讲制度、听评课制度、师徒带教制度、案例课例研究制度、跨学科研讨制度、课题研究制度、评价制度等。在制定教研组制度的过程中，要充分考虑如何推动教研组和教师的发展，不断健全教研组管理制度。

4. 让制度成为习惯

教研组建设要以发展为目标，努力创造适应学生、教师发展的空间。通过教研组制度规范教师的教学，实施有效管理，确保教师把精力集中到教育科研和教学上来，逐步培养教研组形成"我要听课""我要研课""我要学习""我要研究"的良好习惯。

三、教研组制度建设内容

为充分发挥教研组职能，促进教师专业水平提升，保障教研组的工作质量和管理效率，健全教研组各项制度非常必要。教研组制度建设内容有如下几个方面。

（一）常规教学教研活动制度

1. 计划总结有要求

每位教师在每学期初按时按要求完成并提交个人工作计划，教研组组长和备课组组长完成新学期的教研组和备课组教学教研计划。教研组工作计划的实施可根据实际情况进行调节，但应保证计划的全面完成，学期和学年末要参照教研组评估标准进行自查，并据此做出工作总结。

2. 常规检查要落实

教研组组长定期收集本组教师的听课本、备课本检查登记，定期汇总给学校教务处。

3. 常规活动要组织

认真组织组内常规教研活动，活动形式丰富多样，可以是专题讲座、听评课、专题发言、课例研讨、教学设计打磨等；组织实验课、研究课、观摩课及开放日课等多种形式的公开课，每学期初提前确定活动时间、地点、主讲人等，教师参与面要广。

4. 集体备课有特色

定期扎实开展集体备课活动，定主题、定主备人、定发言人。要将学科教学与信息技术有机整合，教学活动设计要体现学校的教学特色和教学风格，教学过程设计要体现自主、合作、探究的特点，以及统一性。主备人根据学情对设计进行修改与完善，形成富有个性的教学方案，体现差异性。

5. 教学资源要共建

重视教学资源的开发、共享和传承，以备课组为单位开发校本课程，收集整理优质教学资源，如课件、试题、论文、热点新闻、最新研究成果等，进行组内共享。注重各年级间的优质资源传承，并做进一步优化改进。

6. 试题命制要精确

精心组织好月考、期中考等考试的命题、审题、阅卷工作，要求出题人（至少2人）、做题人（1~2人）、审题人（1~2人）把握好难度，保证试题的信度与效度。

7. 考后分析要精准

认真开展月考、期中、期末等考试的考后分析工作,利用科学的测评工具,将教学行为与学习效果有机结合,对薄弱班级和薄弱教师予以关注和帮扶,确保有交流、有反思、有措施、有成效。杜绝出现滥考和考而不思、考而不改等现象。

8. 作业设计有规划

备课组统筹安排、精心设计作业,内容多样,形式多种,难度适中。精选精练,杜绝出现偏难怪题,各班根据学生情况选择使用,让每一个层次的学生都有收获与提高。教师根据各年级学生特点,培养学生自主设计(选择、确定)作业的能力,培养学生主动学习的良好习惯。作业及时批改、及时反馈,对部分学生的作业可以面批面改。

9. 重视学科拔尖人才和特长生培养

抓好学科竞赛培训工作,遴选具有学科思维和创新能力的学生组建学科竞赛团队;对有特长的学生,可以组建兴趣小组予以培养。

(二)科研管理制度

1. 论文写作管理的相关制度

每学年给教师布置相应的阅读任务,一方面保证一线教师能时刻关注学科前沿;另一方面能督促教师拓宽知识面,获取和积累相关文献资源,为撰写教育教学论文做准备。

每学期给教师布置相应的写作任务,可以是学术论文、教学反思、课例案例分析等,强调原创;可以从学校层面设置奖励措施,以充分调动教师的积极性,鼓励教师在不断的教学实践中凝练教学成果。

2. 课题研究管理的相关制度

每年组织教研组教师积极申报各级各类教育科研课题，尤其是教研组组长、备课组组长、各级名师、骨干教师等应该带头参加，从校级课题入手，逐级申报，增加参研人数，扩大参与面。

课题立项后，需要督促课题组成员开展课题研究，定期对课题研究过程做梳理、组内汇报交流，提交课题阶段研究材料，确保课题研究按进度有序推进。

对组内教师做课题研究培训，可以先对教研组教师的需求进行调研，再依据学科需求有针对性地定制培训方案。其一，开展专家讲座，促进学习能力提升；其二，邀请科研骨干教师座谈，做示范引领；其三，组织课题组成员进行组内和组间交流，相互借鉴，取长补短。

(三) 教研组考核制度

教研组工作的成效、教师个人工作业绩需要建立一套客观公正且完善的评价体系来进行考核。

1. 教研组工作绩效考核

教研组工作是否落实到位，学校可以从教学常规管理、教研常规管理、教学教研业绩三个方面来进行考核，具体包括各年级教学成绩、教师参与各项技能比赛成绩、课题研究开展情况、论文获奖情况、外出交流情况等，各校根据具体校情，制定较为详细的考核标准。

具体形式可以通过看、查、听等方式，多方面综合评定。看，即查看教研组工作计划、活动记录、工作总结，教师教学计划、备课本、听课本、作业批改情况等；查，即抽查日常教研情况，包括转转课、公开课、展示课、汇报课、选修课以及综合实践活动课等各类课型的开展情况，以及教研组课题开展情况；

听，即定期听取教研组工作汇报，采用多种形式听取教师、学生、各教学职能部门对教研组工作的意见。

2. 教师个人工作业绩考核

构建教师个人工作业绩考核的三级评价体系（包括自评、小组评和校评三个层级），从过程性评价和终结性评价两方面进行综合评定。自评是教师个人根据学校的相关考核规定进行自我打分；小组评是教研组根据教师个人在各级各类比赛中的获奖、教研组内的相关教学教研任务完成情况，采用赋分等形式，集体讨论完成考核；校评是各教学职能部门根据教师的教学业绩和学生评价，按照统一的考核评价标准进行赋分。三级评价体系的得分按照一定比例计入总分。过程性评价可通过过程文字材料检查、课程或任务抽查、学生调查问卷等方式来进行评定，终结性评价可通过教学成绩、技能竞赛获奖情况、论文及课题研究成绩等方面来进行评定，过程性评价和终结性评价的比例应根据各校实际情况来定。

3. 组长考核制度

对教研组组长、备课组组长的工作职责提出明确要求，校级领导采用深入各教研组的方式，通过深度参与组内的各项活动，观察筹备情况及教师参与情况，形成对组长和教研组考核的依据之一。

（四）教师沟通合作机制

教研组要不断改进创新，建立一套完善的教师沟通合作机制。尽可能多地搭建可以展示教师风采的平台，以课题组培养、师徒结对、备课组指导、跨学科交流、跨区域交流等多种形式为不同发展阶段的教师赋能，充分发挥教研组教师的特长和潜能，合理搭配教师资源，做到人尽其才。

1. 课题组培养方式

课题组可采取以老带新的形式，让有课题研究经验的教师带领几名经验尚浅的教师，从文献查阅、整理、信息提炼到论文成果的凝练、撰写、修改等方面进行指导，提升教研组青年教师的科研能力，促进青年教师的快速成长。

2. 师徒结对方式

师徒结对可以为教师搭建更多的交流、学习和成长的平台，从最普遍的青蓝工程（新教师培养发展），到骨干教师培养（职业发展期教师发展），再到名师工程（职业成熟期教师发展）等，着重考虑为各阶段教师提供自我发展的平台，避免职业倦怠期的出现。

3. 备课组指导

备课组内教师的沟通交流可以从日常教育教学工作中的难点、困惑点等方面着手，通过组内研讨、专题发言、课例案例分享等方式，解决实际问题。

4. 跨学科交流

跨学科交流是教师合作的重要环节。解决现实生活中的问题，往往需要学生综合运用多学科知识，领悟学科融合的思想。这就要从培养教师的跨学科思维开始，要求教师在日常教学中融入跨学科的生活实例，让学生能真正学以致用。

5. 跨区域交流

教师沟通交流不应该只停留在本校，要走出校门，跨校交流，甚至可以走出本区域，实现跨区域交流。

各级各类教研活动具有促进教师专业发展、提升教育教学质量的作用，可以对培养学生学习习惯、学习方法和学习能力等起到非常重要的作用。学校应当使用教研制度规范教师的教学行为，提升教师的教研意识，促使教师把精力集中到教学和教研上来，构建起"听课—研课—学习—研究"的良性循环，使教研活动成为促进教师成长、提升学生素质、提高教学质量的"捷径"。

第三节 教研组文化建设

教研组建设是学校工作能否落到实处的抓手，也是学校工作重心下移的标志。如果说教研组组织建设是教研组的塑形阶段，教研组制度建设是教研组的规范阶段，那么教研组文化建设就是教研组的发展阶段，是教研组建设能否实现第三次跃升的关键，也是教研组工作能否有效开展的保障与前提。

一、教研组文化建设的内涵

（一）教研组文化建设的含义

《现代汉语词典（第7版）》中"文化"一词的含义是："人类在社会历史发展过程中所创造的物质财富和精神财富的总和，特指精神财富，如文学、艺术、教育、科学等。"教研组文化就是某学校同一学科所有教师之间精神、情感、意识、行为等的融合与凝结。教研组文化不是"教研组＋文化"[①]，也就是说，教研组文化不是教研组的额外附加，而是与教研组相伴而生，内生于教研组的产生与发展过程，有着强烈的内隐性。当教研组成立时，文化就应运而生了。教研组文化建设凝聚了教研组所有成员的职业信念、教育理念、工作规范与目标追求。它以时代发展为背景，以学校文化建设为依托，以教研组成员为主体，以教师发

[①] 李政涛：《什么是"教研组文化"——"教研组文化"系列之一》，载于《上海教育科研》，2006年第7期，第4~5页。

展为目标，在长期的一线课堂教学实践中，通过教研组成员不断地思考、讨论、交流凝结而成。教研组文化不仅规范制约着教研组成员的行为，也潜移默化地引领着教研组成员的价值观念与精神追求。例如，成都市中和中学生物教研组（以下简称中和中学生物组）立足新课程改革，提炼出"三专三共三树"的教研组精神文化核心词，通过教研组的共同成长，不断提升教师教学潜能。

（二）教研组文化建设的意义

教研组文化建设规范了教研组成员的日常教学行为，包括如何备好一堂课、如何听好一堂课、如何评好一堂课、如何研好一堂课。以备课为例，通过集体备课的形式提高课堂教学实效，形成"课标解读→研读教科书→疑点查询→PPT制作→评价设计→磨课改进"的新课程背景下的集体备课的闭环模式。

教研组文化建设激励了教研组成员的精神风貌，包括以什么样的状态走进课堂、以什么样的状态组织校本活动、以什么样的状态参与研讨交流、以什么样的状态参加培训学习。以校本活动为例，成都市棠湖中学生物教研组通过"生活、生命、生长与生物"的主题，创设初、高中一体化的系列校本活动，激发出生物教研组建设的生机与活力。

教研组文化建设引领了教研组成员的目标追求和价值观念。教师目标追求是在精神风貌的基础上自然生长出来的，积极乐观的教研组场域必然催生向上奋进的目标意识，"成为教坛新秀→成为骨干教师→成为学科带头人→成为省市名师"的专业发展规划路径是教师目标追求的强烈保障。

（三）教研组文化建设的特点

1. 校本性与学科性

学校文化建设，依赖于学校的发展背景，从物质、精神、制度三个方面树立学校的文化形象。教研组文化建设隶属于学校文化建设，与学校的总体教育价值观一致，具有校本性的特性。而教研组文化是在学科教师的日常教育教研活动中产生的，受学科特点的影响，必然存在学科性。

2. 引领性与互动性

教研组组长对教研组文化建设与发展起着至关重要的作用，是教研组文化建设的主要策划者和执行者。教研组组长的做事风格与态度会直接影响教研组的发展，如中和中学生物组组长以严谨、求真、务实的做事风格，深深影响着组上每一位新老教师，进而该教研组形成了积极向上、钻研肯干的团队文化。但教研组文化建设绝不是教研组组长一个人的事，而是依赖于教研组团队成员的反复交流研讨，是群策群力的结果。

3. 制约性与发展性

教研组文化不仅制约规范着教研组成员的行为、思想、意识，同时也制约着教研组的发展。但教研组文化不是一成不变的；相反，它会随着课程改革、学校发展、教师成员变化等发生改变。也就是说，教研组文化是一种动态的、不断发展生成的文化。

4. 无形性与有形性

教研组文化包括有形文化和无形文化两个方面。无形文化主要指精神文化，是教研组成员内心感受到的一种教研组意识传承和文化愿景，是教研组文化建设的核心。有形文化主要包括物质文化、制度文化等。物质文化是以物质载体留存的文化形式，如学科教研办公室、学科教材、教师教学用书、课件、教学设计、教学影像等。制度文化由教研组成员共同制定并执行，这是日常教研活动遵守的准则，对教研活动的时间、地点、主题、主讲人、活动流程、评价标准等都有明确界定。

二、教研组文化建设的必要性

(一)教研组文化建设是时代发展所需

新一轮的课程改革正如火如荼地进行,学校、教师能否顺利传接课改的接力棒,使课程改革落地生根,教研组是至关重要的一环。新课改要求每一位教师转化观念,并将观念转化渗透到教育观、教材观、教学观等方方面面,进一步转化日常教学行为。因此,教研组成员之间的相互观摩与教学研讨成为新课改能否落到实处的关键。而合作共享、开放民主、敦本务实的教研组文化氛围就成了无形的保障。

(二)教研组文化建设是学校发展所需

在新课改的背景下,学校发展应以教育教研为根本。一线教师是学校教研的主体,教师进行教研可以最大限度地促进自身的专业发展。另外,当教师具备了教研素养,就会深入思考教学、教材、考试与学生的关系,促进学生学业发展,进而促进学校的发展。教研组是教师教研的主阵地,教研组应紧跟时代步伐,转变价值观念,营造适合每一位教师专业成长的教研组文化氛围。

(三)教研组文化建设是教师培养职业幸福感所需

教师的职业幸福感一方面来源于工作中直接感受到的快乐,另一方面来源于教师的专业成长。这两个方面都与教研组的文化氛围息息相关。教研组是教师在学校生活中的直接成长共同体[1],互助竞争的团队精神可以帮助教师间的相互切磋、借鉴、

---

[1] 吴巍莹:《走向融合——一个学习共同体成长的历程》,南京师范大学硕士论文,2005年。

学习与提升,实现共同成长;和谐共处、陪伴支持的人文环境是教研组各成员的精神之家,是形成教师职业幸福感的源泉。

三、教研组文化建设的策略

建设教研组文化不仅可以助力教研组开展基本工作,还能协助加强教研组凝聚力,促进教研组形成团队目标和特色,进而促进教研组实现全方位、高品质、可持续发展。具体建设策略包括如下几个方面。

(一)建设学科教研文化特色

教研组是学校开展教学活动的最基层单位,也是践行学科教学先进理念的执行单位。围绕学科教学质量的提高,创新、发展学科教研方向和内容,是教研组文化建设的内涵。[1] 教研组通过课题申请、评优评先、区市公开课展评等活动,辅以区域各级教研体系的协作联动,创设教研文化大氛围,以立德树人为目标、学科热爱为驱动,形成学科教研文化。

例如,成都高新区以各校教研组自愿申请为原则,由区教研员领衔,区教师发展中心组成员负责管理,每个学科打造 2~4 个区级学科教师发展基地。一方面,学科教师发展基地试行揭榜挂帅,在课程研发、教学改革等方面进行高质量教研实践,探索基于学科核心素养的增值评价方式,形成学科教研基本范式;另一方面,教研组需承担区内学科帮扶工作,每个基地需联系区内 2~3 个薄弱学校,每年提供 1~3 个典型学科教研案例,每年至少承担区级以上学科教研活动 1 次,每学期积极承接区内的外校教师到校交流学习活动 1~3 次,在区域教研中发挥示范引领与

---

[1] 柴永红:《"双减"背景下初级中学教研组团队建设策略》,载于《教书育人(教师新概念)》,2022 年第 3 期,第 47~49 页。

辐射带动作用。同时在校内，教研组可定期组织以研读教材、优化教法为核心的集体备课，以课题研究为主导的行动研究、优秀课堂教学案例研究、校本课程开发等活动，促进学科教研文化特色建设。

（二）建立学科共同体文化

学科共同体的建立基于学科成员拥有的共同价值观和愿景、持续的学习制度、有效交流的模式和成员间彼此信任及互助学习的氛围。[1] 教研组不仅是学校内部集管理、教学、教育研究于一体的学校基层专业组织，更是促进教师专业发展的重要平台。教研组对教师专业发展的作用是多元化的，至少涵盖教育观念理念的发展、教师知识的发展、专业反思的发展、工作效率的提高、发展机会的获得和专业情感的增强六个维度。[2] 建立学科共同体文化，创设教师快速成长的共同体环境，增强成员归属感，是教研组文化建设的有效途径。

建立学科共同体文化可以有很多种方式，如教研组办公室布置、购置学科资料、设计教研组组徽、做好人文关怀，以及定期组织各项体育运动、文娱活动等。图1-4为衢州市菁才中学科学教研组组徽，主体为一个灵动的魔方，其代表充满神奇和魔力的自然科学；魔方内的大问号代表热爱思考和勇于探索的学生，寓意科学的探索之初为发现问题，以及科学探索之路将永无止境；形似手掌的两片叶子代表教师，表示他们用心呵护并托起学生的求知欲望和奇思妙想，致力为祖国培育充满创造力的花朵。

---

[1] 孟湘莲：《打造学科共同体：学校教研组建设的新思路》，载于《教学月刊·中学版（教学管理）》，2021年第9期，第57~60页。

[2] 孟湘莲：《打造学科共同体：学校教研组建设的新思路》，载于《教学月刊·中学版（教学管理）》，2021年第9期，第57~60页。

菁才科学
Wonderful Science

图1-4　衢州市菁才中学科学教研组组徽

（三）打造学科共享文化

教研组共享文化即基于共同的成果意识，形成教学资源共建共享的氛围，人人参与、人人受益。教师个人的专业发展需要理论知识和实践经验等资源的不断积累。在通常情况下，个人资源的有限性一定程度上会限制其专业发展的速度。教研组资源共享能较好地解决教师个体资源的缺乏，在很大程度上实现个体之间的资源互补，从而使教师个体获得更多专业发展资源，使自身得到更好发展。[1]

打造学科共享文化可通过建设、共享日常教学资源库实现。资源库可按照资源类别进行分类构建，如日常教学类（教学课件、上课学案、教学设计、单元测试、专项训练、阶段复习、历年真题等）、学科教研类（参与课题、专业书籍、校本研修、专家讲座、公开课）和学科活动（各类比赛、模型制作、海报设计、学科文化节）等。日常教学类资料还可根据学生层次，建设适合不同层次学生的教学资源，以更好地实现因材施教。建设日常教学资源库，可以帮助教师在专业技术发展的理论知识和实践经验方面取长补短，提升自我科研能力、教学技能，进而成为合格的研究型教师。

---

[1]　徐翠红、乔棠、蓝青：《"共研、共享、共进"的英语教研组建设策略》，载于《大连教育学院学报》，2021年第3期，第20~22页。

（四）创设学科共誉文化

教研组团队协作，相互支持，合作研修，结合组内共研课题、特色项目、学科活动等，整合组内特色课程中的教师资源和实践经验，组织学生参加校外各级各类比赛，同时开发并实施各类实践课程及活动，面向年级或学校开展校本研修拓展课程建设。教师对学科实践课程中出现的问题进行反思，并根据问题的解决措施完善学科实践活动方案，提升教师专业能力。若教研组教师承担各级各类学科竞赛的辅导任务，指导学生在学科竞赛中获得佳绩，不仅可以让学生赢得荣誉，在这个过程中教师也能获得竞赛优秀指导教师称号，成为学生心中的魅力教师。以教师的人格魅力教育、感染学生，以学科文化塑造学生的灵魂、开发学生的心智，是教研组文化建设的核心。[①]

目前，可供选择的校内活动及校外比赛多种多样。例如，中和中学生物组可在校内开设"生物知识竞赛""细胞模型制作大赛""生物实验设计比赛""生物拼图比赛""生物科普演讲比赛""生物绘画比赛"等，辅导学生参加"全国中学生生物学奥林匹克竞赛"等；英语教研组可组织学生参加校内外的"模拟政协""模拟商赛""模拟联合国比赛""小小外交官"等活动；语文教研组可在校内组织"古诗词大赛""组词赛""猜谜语""成语接龙"等比赛，或辅导学生参加各类语文比赛如"全国中学生创新作文大赛""叶圣陶杯全国中学生新作文大赛"等。长期的共同努力必然能取得佳绩，这不仅能让教研组教师备受鼓舞，还能提升团队凝聚力，巩固教研组文化建设。

总之，教研组文化是组内全体教师在长期的教研活动中积淀

---

① 柴永红：《"双减"背景下初级中学教研组团队建设策略》，载于《教书育人（教师新概念）》，2022年第3期，第47~49页。

凝练而形成的共同目标追求、价值标准、精神风貌、行为规范等，是教师在思想感情、心理认同、精神追求、行为方式上的深度融合而形成的集体研究和成长文化。[①]"科研引领、以人为本；组建特色、协作共享"是教研组文化建设的原则，"教研文化、共同体文化、共享文化、共誉文化"是教研组文化建设的四大策略。教研组文化建设是一项长期而艰巨的工程，如何建立有效的教研组文化建设策略，激发学校教书育人的活力，促进教师专业技能的增长，值得每一位当代教师深思。

[①] 王述超：《转型升级：新时代教研组建设的应然取向》，载于《教育视界》，2022年第11期，第10~14页。

第二章　教研组课程建设、课题建设及课堂建设

教研组是进行教学与研究活动的基本单位，是学校校本教研实施的基本单元。以教研组活动案例为载体，以课题建设为动力，以课程建设、课堂建设为重点，凝练、沉淀出教研组特色成果，实现提高教学质量和促进教师专业发展的目标。

第一节　教研组课程建设

教育部印发的《基础教育课程改革纲要（试行）》（以下简称《纲要》）规定："改变课程管理过于集中的状况，实行国家、地方、学校三级课程管理，增强课程对地方、学校及学生的适应性。"《纲要》还明确表示："学校在执行国家课程和地方课程的同时，应视当地社会、经济发展的具体情况，结合本校的传统和优势、学生的兴趣和需要，开发或选用适合本校的课程。"因此，教研组课程建设应紧密围绕三级课程的实施展开，以学科教研组为单位，实施校本课程的开发与实践。

一、课程建设的定义

（一）国家课程、地方课程与教研组课程的关系

教育部在 2021 年印发的《普通高中学校办学质量评价指南》

指出，普通高中要适应高中阶段学生成长特点，引导学校丰富课程体系，发展学生核心素养，增强学生综合素质，促进学生全面而有个性的发展。

三级课程为国家课程、地方课程、校本课程，其与教研组课程之间的关系如图 2-1 所示。国家课程统领地方课程与校本课程，地方课程指导建设校本课程，校本课程一定程度上扩充和完善地方课程，校本课程的序列化与精品化形成了教研组课程，教研组课程的特色化与活动化支撑着校本课程的建设。

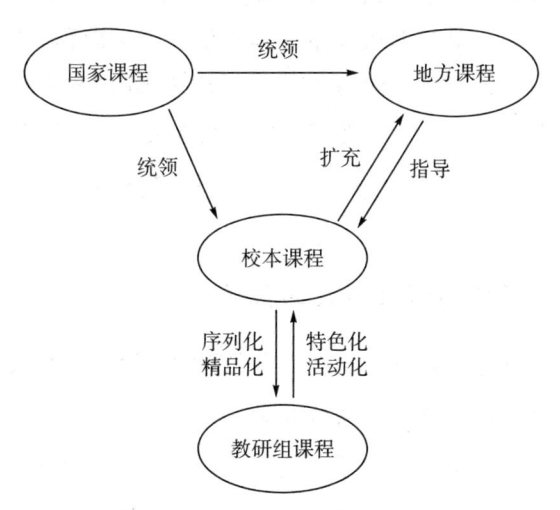

图 2-1 三级课程与教研组课程之间的关系

国家课程指由国家统一开发和管理，通过国家行政力量在全国范围内推行的课程。地方课程指由地方教育行政部门依据当地的政治、经济、文化、民族等发展需要而开发和管理，在地方范围内推行的课程。

国家课程是基础和统一标准，地方课程是适应地方特点的具体实施，校本课程是满足学校自身需求的补充和完善。校本课程是由学校教师根据学生的需求在具体教育情境中开发或改编的课程。学校拥有课程自主权，课程开发的主体是教师，学校是课程开发的场所。校本课程是在学校本土生成的，既能体现各校的办学宗旨、学生的特别需要和本校的资源优势，又与国家课程、地方课程紧密结合，具有多样性和选择性。国家课程和地方课程面向数量庞大的学生群体，很难切实关注到每一名学生的需求。而校本课程恰恰是基于学生个性化的学习需求开发的。

教研组课程的开发立足于校本课程的建设，以课堂为主阵地促进教师发展和学生成长，以丰富多样的校内外活动为载体培养全面发展的人，最终形成校本课程建设。国家课程、地方课程、校本课程有着密不可分的内在联系，实施国家课程进行合理评价是育人的基本路径，根据地方特色以及人文沉淀发展系列课程是发展所需，结合学校理念融合学科创生建设特色课程是创意共生。

（二）教研组课程建设的价值

教研组课程的开发立足于校本课程的建设，校本课程的开发和实施，在新课程背景下具有重要价值。

1. 有利于学生个性化发展，激发学生学习潜能

立足于校本课程开发和实施的教研组课程建设，能够充分考虑到每一个学校的特性，有针对性地开发适合学生学习的课程，基于学生的个性特点，培养学生的兴趣爱好，丰富学生的学习内容，强调学生的个体差异，促进学生的个性发展。

在以校本课程为主的教研组课程开发过程中，师生共同参与，充分发挥学生主体地位。课程开发目标明确、内容丰富，设置灵活，学生选择面扩大，有利于发挥学生潜能，培养并锻炼多种能力。学生在校本课程学习中，会加深对学习本身价值的理解，更好地认识学习、学会学习。

2. 有利于教师专业技能提升，促进教师个性化发展

教师是教研组课程开发和实施的主要力量和建设主体，教师是学校的基本组成部分，教研组是教师成长发展的基本团队。教师在教研组内开展共同学习、交流反思、发现研讨，基于真实问题，分析现有资源，深入探讨，针对问题给出解决策略并实施和改进策略。在教研组校本课程实施过程中，教师本身会逐渐加深对国家课程、地方课程和校本课程的理解，提升专业技能，促进专业化发展。

教育改革和课程效能的发挥，离不开教师对课改理念的学习、实践和个性化教师品质的建构，个性化校本课程的选择与组织，与个性化教师品质密不可分。个性化教师影响个性化校本课程的开发，个性化校本课程的开发同样促进教师的个性化发展。

3. 有利于彰显学校特色，拓展办学空间

教师和学生的个性化发展是学校特色的具体表征，学校特色是教师和学生个性化发展的结果，学校特色的形成就是教研组课程开发和实施的自然追求。教研组课程建设从学生真实的生活学习情境出发，解决学生的具体问题；依托学校现有资源和独特的文化历史背景，充分利用内外部条件，开展教学活动。相比国家课程开发，教研组课程更容易彰显学校特色，促进学校特色发展。教研组课程开发活动有利于学校提高教育品质，适应社会需求，进而提高学校影响力，拓展学校办学空间。

二、课程建设的目标、内容及特色

（一）课程建设的目标

1. 课程建设的理论目标

课程建设能完善校本课程设计、管理、评价体系，使学校的

办学理念、特色课程更为突出和鲜明；能促进教师对教育教学改革前沿理论的深度学习，顺应发展的需要向终身学习者迈进；能形成独具一格的教研组课程，为落实各学科核心素养助力，帮助学生在掌握学科知识的同时发展学科融合的综合能力。

2. 课程建设的实践目标

课程建设会经历查阅大量文献、实地考察学习、构思蓝图框架、初步拟定方案、修订完善定稿、调动师资力量、动员学生参与、实施过程评定、监测循环迭代等系列过程。从构想到落地、从理论到实践，以实证的观念搭建教师与教师、教师与学生、学生与学生之间多维交流的平台，让校本课程从无到有、从一元到多元、从起步到精品，积累起丰富的课程资源。通过实际操作，教师能够以课程建设为载体，围绕共同的抓手形成梯队式课题群，凝聚团队协作产出高质量的课题成果、研发论文、研究课例、学生活动等；学生在任务明确、情境贴切、形式多样、体验真切的课程活动中，能重温知识发现、演绎、归纳、生成、总结的过程，培养探究思维、表达交流以及分析和解决复杂问题的能力。

（二）课程建设的内容

1. 课程建设的宗旨与特征

教育部普通高中课程方案特别强调了普通高中教育是在义务教育基础上进一步提高国民素质、面向大众的基础教育。普通高中教育的任务是促进学生全面而有个性的发展，为学生适应社会生活、深造学习和职业发展做准备，为学生的终身发展奠定基础。普通高中课程建设应全面贯彻党的教育方针，落实立德树人根本任务，发展素质教育，推进教育公平，以社会主义核心价值观统领课程改革，着力提升课程思想性、科学性、时代性、系统性、指导性,推动人才培养模式改革创新,培养德智体美劳全面发展的社会主义建设者和接班人。① 学校课程融合的经验主要表现在:坚持以德育为先,追求人的整全发展的课程目标,形成以德育为先的课程融合的价值共识,人的整全发展是课程融合的根本价值取向;以不同要素为组织中心,多向度构建融合的课程体系:以课程领域为中心、以素养发展目标为中心、以课程功能层级为中心,进行课程融合;内部支持与外部支持相结合,从师资、课程资源网络、制度支持等多方面保障课程的有效融合;转变"唯结果"导向,注重过程和发展的动态型评价。②

2. 校本课程建设的构架选择

随着时代的发展和科学技术的进步,学校对校本课程的设置除了要考虑学生的普遍需求,即拓宽学生的视野、拓展学生的认知、丰富学生的体验,也要考虑学生在面临自主招生时对部分学科的深度需求,即对接自主招生专业设置、竞赛专项训练、信息技术创新的个别辅导等。以这样的思路设置教研组课程,能够完善学校的课程设置,让校本课程的开发具备顶层设计的指导性,选题时能够依循"需求导向"的底层逻辑,执行时能够落实学生本位的教育宗旨。

教师在课程设置的过程中通过主动思考促进内驱力共生,更新理念与当下教育热潮接轨,精进专业实现知识更迭,避免在重复性劳动中由于职业倦怠导致的对教学质量的影响。学生通过多样课程选择、多彩课程体验、多元课程活动,将学习内容从书本内延伸到书本外、学习的地点从校园内迁移到校园外、学习的同

---

① 中华人民共和国教育部:《普通高中生物学课程标准(2017年版2020年修订)》,人民教育出版社,2020年版,前言第2页。

② 和学新、赵方霞:《"五育并举"背景下课程融合的经验、问题及改进策略》,载于《课程·教材·教法》,2023年第9期,第40~48页。

伴从同学扩展到专业技术人员甚至科学家等，充分感知社会的多面化、凝练知识与技能的互通、锻炼对复杂问题的解决能力，最终成为一个能够良好适应社会、独立分析问题、乐观面对困难、积极解决问题的人。

3. 教研组课程建设的结构

在充分吸收基础教育课程改革中各学科取得的研究成果以及各级各类实践经验的前提下，教研组充分调研学生的多元化、个性化、发展性、持续性、实践性、创新性等需求，对课程设置的内容进行考量。教研组课程分为通识课程与探究课程，其中通识课程以普及学生的科学认知、生活常识、操作能力等为主，课程开展的形式有教室内文字与图片的知识普及、科技馆等研习、劳动教育基地实践、参观史馆等。学生可以通过阅读、写作、体验、参与等，初步认识和感受不同领域的知识。探究课程适合已有一定学习基础的学生对某一学科或方向的进阶性学习，由教师给予专业的指导和拔高性训练来实现。课程的开展一定程度上是为部分学生量身打造的，师资配比与行政班级和一般选修课程相比有所不同，需要较大的师资投入。例如，开展信息学竞赛课程，通常由一名教师指导 5～8 名学生；STEM（Science，Technology，Engineering，Mathematics）理念下的实验创新类课程，需要物理、化学、生物、通用技术等学科教师联合开发，课程面向少数学生，由教师带领学生往专利申请、科创比赛等方向进军；微积分基础课程，需要相应教师提前学习高校课程，或者请高校教师授课，对学生进行专业上的精准指导，这对学校的师资、保障运行等机制都提出了更高的要求。图 2-2 展示的是教研组课程建设的结构。

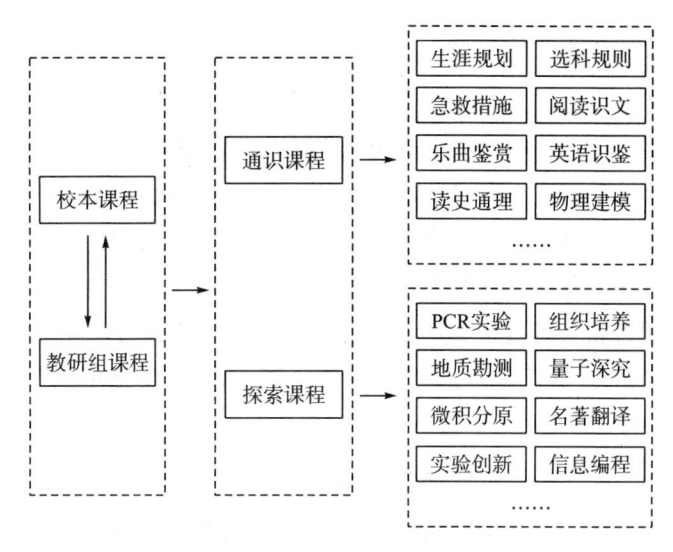

```
┌─────────────┐      ┌─────────┐      ┌─────────────────────┐
│             │      │         │      │ 生涯规划 │ 选科规则 │
│             │      │         │      │ 急救措施 │ 阅读识文 │
│             │ ───▶ │ 通识课程 │ ───▶ │ 乐曲鉴赏 │ 英语识鉴 │
│  校本课程    │      │         │      │ 读史通理 │ 物理建模 │
│             │      └─────────┘      │        ……           │
│     ↕↓     │                        └─────────────────────┘
│             │      ┌─────────┐      ┌─────────────────────┐
│             │      │         │      │ PCR实验  │ 组织培养 │
│  教研组课程  │ ───▶ │ 探索课程 │ ───▶ │ 地质勘测 │ 量子深究 │
│             │      │         │      │ 微积分原 │ 名著翻译 │
│             │      └─────────┘      │ 实验创新 │ 信息编程 │
└─────────────┘                       │        ……           │
                                      └─────────────────────┘
```

图 2-2 教研组课程建设的结构

（三）课程建设的特色

1. 学校的产品是课程

课程是学校组织成员共同创生的、对学校成员产生影响的教育环境和教育活动；或者说，课程是为了实现教育目标而组织的教育环境和教育活动，是学校教育教学研究的产品。[①] 而产品价值的体现，往往需要以用户的需求、体验、评价等为重要参考标准，在很大程度上，产品能否解决用户在特定时刻的必要困难，降低时间、经济成本，达成目标要求，是保证产品能顺利投放市场并长期运行的关键所在。因此，课程作为学校产出的产品，首先是一种劳动成果，其次具有实用性。

---

① 陈大伟：《观课议课与课程建设》，华东师范大学出版社，2011年版，第82页。

2. 教研组课程特色

一所学校的发展,首先要贯彻国家的方针政策,落实立德树人的根本任务;其次要充分契合当地的办学规划,挖掘风土人情和人文意蕴;最后有机结合学校具体情况,形成有利于学校长线发展的办学理念。在正确的方向指引下,还需要长时间的调研与考察,明确基础教育改革的具体要求、当前教育教学的热点,以及可融入教学的素材和场所、可调动的教师资源与保障条件等,才能形成学校特色。而课程特色是建立在学校特色的基础之上的。

3. 彰显学校办学理念,满足学生个性化需求

学校的办学理念和属性,对课程的建设和开发有着深远的影响。在新高考选课走班的改革中,学校提前谋划学生的生涯规划课程,对各类组合中高校的专业优势分析、学业进行中的问题与策略、未来就业竞争中的动态预测等,安排专人专项对点跟踪负责,完成方案的升级,逐步形成学校的特色课程。这样,在普通高中招生政策变革的浪潮中,也能展现出优势以吸引生源,让学校拥有更强的竞争力。在"五育并举"的政策导向下,让劳动教育进入学生的课堂与实践,带领学生实地考察当地的户外特色。

例如,有学校充分利用周边的袁隆平杂交水稻基地,根据基地的项目开设情况,带领学生进行水稻种植、样品检测、遗传分析等,这样既可以对低年级学生开展活动体验类课程,又可以对高年级学生开展进阶细胞水平的实验方案设计、实践、评价等,形成对学生能力提升的本土化课程。与高校有深度合作的中学,不仅可以引进高校的客座师资,开设常态英语角实现语言交流的环境化、情境化,还可以让学生提前学习某一学科的大学内容,跟随教授到实验室、科技馆等见习,打造专业的发展性课程。此外,学校还可以根据实际情况开展项目式课程计划,建设序列化

的义工课程。例如，组织学生到海洋馆、历史馆、科幻馆、展览馆等做义务导游，由项目组教师提前对内容进行规划，再指导学生查阅资料、团队协作、交流表达，在形成丰富的可重复使用的资源的同时，培养学生的社会责任感。

三、教研组对国家课程校本化建设的探索

以高中生物学科为例，《普通高中生物学课程标准（2017年版2020年修订）》提出，选修课程由学校根据实际情况统筹规划开设，学生自主选择修习，学而不考或学而备考，为学生就业和高校招生录取提供参考。[①] 选修课程可发挥学校和教师的积极性和创造性，开设具有地方特色和学校特色的校本课程。[②] 学校和教师可以借助教研组的教研活动，打造国家课程校本化建设的案例。

（一）拓展性课程的实践探索

1. 基础性课程与拓展性课程的关系

基础性课程与拓展性课程是根据课程任务来划分的，国家课程以基础性课程为主，地方课程和校本课程以拓展性课程为主。拓展性课程是对基础性课程的延伸、补充、拓展和整合，为不同的学生提供不同的学习资源，设计不同的学习经历，夯实不同的基础，突出学校育人目标。拓展性课程是一校一个特色、一校一个样本，校本课程开发往往以拓展性课程的形式开展。

2. 高中生物学科拓展性课程开发与实践案例

成都市第四十九中学校生物教研组通过对国家基础性生物学

---

① 中华人民共和国教育部：《普通高中生物学课程标准（2017年版2020年修订）》，人民教育出版社，2020年版，前言第4页。

② 中华人民共和国教育部：《普通高中生物学课程标准（2017年版2020年修订）》，人民教育出版社，2020年版，第69页。

课程及生物学课程标准的深入研读,以寒暑假期为载体,开发并实践了"有宽度的假期"拓展性课程。以下从该课程的课程目标、课程框架内容、课程实践和课程评价四个方面做阐述。

(1)以生物学核心素养为导向,确立课程目标。

"有宽度的假期"拓展性课程基于人教版高中生物(必修1)的基础知识进行设计,具有较强的开放性、趣味性和综合性,旨在通过课程开发和实践提升学生"生命观念、科学思维、科学探究、社会责任"的学科核心素养。

(2)以基础知识为抓手,搭建课程框架。

"有宽度的假期"拓展性课程以教材基础知识为抓手,充分结合新媒体新技术,形成"六专题—三环节"的课程框架。本课程框架体系基于人教版高中生物(必修1)的知识内容,分为6个专题,每1个专题分为3个学习环节,首先通过"生活大观园"栏目引导学生从真实情境出发,再通过"知识大讲坛"环节逐渐深入探究每个专题内在的生物学知识,最后在"实践大舞台"环节结合所学知识进行实践操作。"有宽度的假期"拓展性课程的"六专题—三环节"课程框架详见表2-1。

表2-1 "有宽度的假期"拓展性课程的"六专题—三环节"课程框架

专题	生活大观园	知识大讲坛	实践大舞台
专题1:组成细胞的元素和化合物	辣条的秘密	视频:辣条的制作	细胞+音乐:当细胞遇上电影
专题2:细胞的基本结构	诺贝尔奖中的"囊泡"	视频:神奇的细胞结构	生物模型法:我为细胞代言
专题3:细胞的物质输入与输出	细胞保卫战	微课:物质的跨膜运输	漫画生物:生物中的行为艺术
专题4:ATP与酶	清澈的果汁	微课:"娇气"的酶女士	家庭酶实验:知识成链、思维成图

续表

专题	生活大观园	知识大讲坛	实践大舞台
专题5：细胞呼吸	可怕的地窖	文章：线粒体反叛	发酵技术实践
专题6：光合作用	无氧不欢	视频：植物之歌	植物工厂策划书

（3）以寒暑假为载体，开展课程实践。

"有宽度的假期"拓展性课程借助寒暑假作业实施，放假前为学生分发寒暑假寄语，即拓展性课程实践指南，并推荐相关软件的使用说明书，让学生在假期内自主复习相关知识并进行创作，最后进行展示。

课前准备：教师先撰写课程实施方案并分发给学生，再向学生推荐在"实践大舞台"中可能用到的软件，如PPT、PS、爱剪辑、趣配音等，并演示使用方法，或收集、录制相关软件的操作视频给学生进行学习参考。学生需要复习本学期已学的基础知识，以及学习软件的操作方法。

自主学习：学生根据自己的兴趣、爱好选择完成3个专题的内容，并按要求将"实践大舞台"的创作作品发布在QQ空间、抖音、哔哩哔哩等新媒体平台，实现学生互评。

作品展示：学生将作品发布在各大新媒体平台，学生之间可以进行互评，教师及时互动。师生共同推选出一定比例的优秀作品，在课前进行展播，并通过学校的微信公众号进行宣传报道。

（4）多元开放为原则，实施课程评价。

"有宽度的假期"拓展性课程形式多样，这就决定了课程评价的多样性。

多元评价形式：该课程是基于发展学生生物学核心素养的拓展性课程，所以制定了针对学生学科核心素养养成的过程性评价量规（见表2-2）和针对学生作品的总结评价量规（见表2-3）

做评价。

表 2-2 生物学核心素养养成的过程性评价量规

一级指标	二级指标	三级指标	具体表现	等级 A	等级 B	等级 C
生命观念	知识	基本知识与规律	能识记生物学基本知识与规律			
		研究方法	能论述生物学的研究方法			
		知识网络	能系统构建知识网络,避免记忆碎片化			
	领会	转述	对知识有自己的看法、理解			
		解释	能用自己的语言进行准确表述			
		推理	能预测、推理生物学现象			
	应用	解决问题	能运用知识解决新情境中的问题			
科学思维	分析	筛选信息	能筛选有价值的信息,去伪存真、去粗取精			
		分析关系	能阐明生物学概念之间的联系,包括层次结构、组成要素和层级关系等			
	综合	策略选定	能在真实的问题情境中选择正确解决策略			
		形成观点或假设	能运用知识对真实问题形成正确观点或假设			
		推理论证	能通过分析对结果进行预测或论证			
	评价	批判性思维	能基于生物学事实和证据辩证地评价真实情境中的生物学问题			
		自我评价	能反思并总结自身在解决问题过程中的得失			

续表

一级指标	二级指标	三级指标	具体表现	等级 A	等级 B	等级 C
科学探究	观察	工具选择	能够恰当选用工具进行观察			
		工具使用	能够熟练运用工具展开观察			
	提出问题	明确、清晰	能针对真实情境提出明确、清晰的生物学问题			
		价值性	能针对真实情境提出有价值的生物学问题			
		可探究	能针对真实情境提出可探究的生物学问题			
	实验方案	设计实验方案	能基于资料查阅与分析，设计出科学、可行的实验方案			
		开展实验	能基于实验方案，熟练运用工具开展实验			
	实验结果	记录	能运用多种方式如实记录实验现象			
		分析	能创造性运用多种方式分析实验结果，如运用数学方法分析实验结果			
	表达与交流	团队合作	能在团队内主动参与合作，能在团队内起组织和引领作用			
		团队交流	运用科学术语精确阐明实验结果，并展开交流			

续表

一级指标	二级指标	三级指标	具体表现	等级 A	等级 B	等级 C
社会责任	生物学议题	关注	了解并关注社会热点中的生物学议题			
		辨别	能基于生物学的基本知识，对社会中的生物学议题做出理性解释，辨别迷信与伪科学			
		参与	针对现代生物技术在社会生活中的应用，能基于生物学基本知识，参与讨论并揭穿伪科学			
	疾病与健康	健康生活	能接受健康文明生活的建议，或自主制订并践行健康生活计划			
		疾病预防	能主动运用生物学知识保护自身安全，以及向他人宣传毒品危害和传染病防控措施			
	环境保护	宣传与实践	能主动参与学校或社区生物多样性和环保活动的宣传实践活动，参与当地环保建议的讨论			

表2-3　生物学核心素养总结评价量规

	一级指标	二级指标	分值（各100分）
一封情书	文字（50分）	语言优美；内容无科学性错误并重点突出；文字原创，无抄袭	
	图片（30分）	图片美观，颜色和谐；图文搭配合理	
	技术（20分）	图像清晰，布局合理	
一支vlog	文字（50分）	语言恰当；内容无科学性错误并重点突出；文字原创，无抄袭	
	视频（30分）	拍摄完整；视频美观，颜色和谐；图文搭配合理	
	技术（20分）	画面、视频清晰，声画同步	

续表

一级指标		二级指标	分值（各100分）
一首赞歌	文字（50分）	语言恰当；内容无科学性错误并重点突出；文字原创，无抄袭	
	音、视频（30分）	内容完整；视频美观，音频清晰	
	技术（20分）	音频、视频清晰，声画同步	

多元评价主体：该拓展性课程是借助寒暑假期进行的，参与该课程的不仅有学生和教师，还有家长，因此对该课程的评价包括了学生自评、同学互评、家长参评和教师总评等。以学生将作品直接发布在个人社交平台上的方式，学生相互之间可以及时查看、评价，实现资源共享。并且，这种多元评价方式可以促进学生的全面发展。此外，家长也积极参与到对学生作品的评价中来，并占有一定的比例，最终由教师总评，选出一定比例的优秀作品。将优秀作品通过学校微信公众号进行展示，凡关注公众号的用户均可查看作品并留言，在一定范围内具有示范和推广的作用。

（二）基于STEM理念的融合创新课程探索

1. "大众创业、万众创新"的时代背景为课程开发奠定基础

随着工业4.0时代和人工智能浪潮的到来，创新型人才、研究型人才已经是时代发展的客观需求。"创客"一词于2015年3月首次写入政府工作报告，同年5月李克强在给清华大学学生创客的回信中表示，希望他们要有钻研学问的精进态度，不仅要向书本学习，也要向实践学习；要不断丰富创客文化，把创客种子在更大范围播撒开来。2016年，教育部印发的《教育信息化"十三五"规划》指出，支持学校开展创客教育方面实践；中共

中央、国务院印发的《国家创新驱动发展战略纲要》提出，推动创客文化进学校，设立创新创业课程，开展品牌性创客活动，鼓励学生动手、实践、创业。自此，创客教育逐步走进中学校园。

2. 课程在创客小镇创新创造的环境中应运而生

2016年，《国务院办公厅关于建设大众创业万众创新示范基地的实施意见》确定了首批"双创"示范基地名单（28个），四川省成都市郫县（2016年底撤县设区，改为成都市郫都区）位列其中。成都石室蜀都中学坐落于郫都区菁蓉镇，享有得天独厚的"双创"教育环境。学校以创客教育"1245"工程为课程建设目标，即紧紧围绕建设"创客空间"的1个中心，搭建校本教材研发和实践资源整合的2个平台，达成师资培训、课程开设、学生培养、学校提升的4个目标，开展管理机制、师培模式、课程体系、课堂教学和竞赛实践的5个方面的课程开发和内容构建。"双师制"课堂引进知名创客教师到校兼职，遴选不同学科教师组成创客教师团队，加强创客教育与各学科的深度融合，推动不同学科背景创客教师的个性化发展，促成创客课程在中学落地生根。

3. 未来对创新人才的需求驱动创客课程型态创生

（1）形成任务式课程体系。

为确保课程常态开展，学校做到了四统一，即统一时间、统一教材、统一内容、统一评价，不仅开设创客教育校本必修课，还结合创客竞赛、科创竞赛等开展专项提升训练。下面以初二年级和高二年级的课程框架为例，展示课程的螺旋式目标（见图2-3、图2-4）。

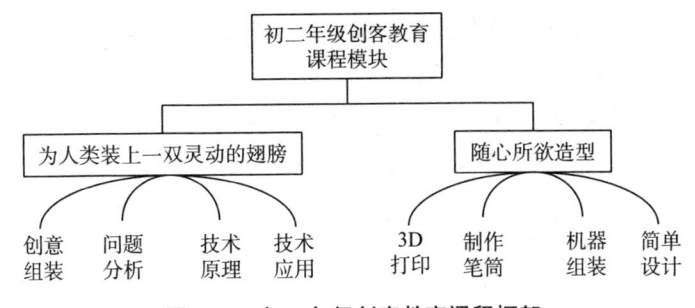

图 2-3　初二年级创客教育课程框架

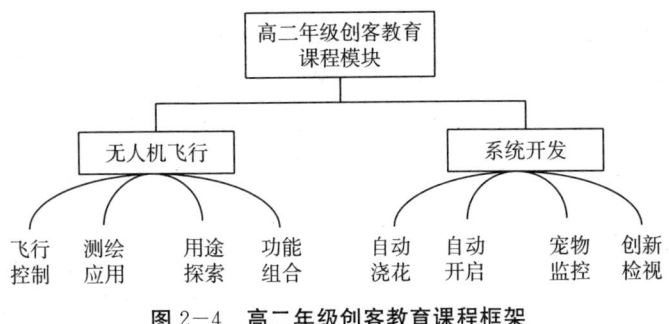

图 2-4　高二年级创客教育课程框架

(2) 建构"1-3-1-n"培养模式。

"1-3-1-n"培养模式，即通过 1 个创客课程，使学生形成 3 个能力（学科整合能力、问题解决能力和制造创造能力），完成 1 个自主研发任务，参加创客类、科技类、计算机类等大赛的 n 种活动，将创意孵化成果服务于国家和社会发展需要。

(3) 制定活动评价方案。

创客教育着力培养学生的"两个意识、三个能力、四个品质"，即以"兴趣、思维、技能、人格"为路径，在"创造中学""创新中做"，培养具有自主发展意识和创新研究意识，具备学科整合能力、问题解决能力和制造创造能力，养成敢于创新、善于思考、精于创造、勇于担当的优秀品质。为此，我们制定了课程评价、活动评价、学生发展报告、创客教师绩效考核等方案，从多维度全过程评价教育效果,推进创客教育工作扎实开展。

(4) 搭建创客教育互动平台。

为不断融合"课程、活动、赛事"的需要,整合"家庭、学校、社会、政府"的资源,学校建设了约 500 m² 的创客中心,搭建集学生科创产品展示、交流、研讨、交易、竞赛为一体的高端教育互动平台。

(三) 基于学校特色的校本选修课程探索

重庆育才中学(以下简称育才中学)的生物教研组结合生活教育的理念,开发了校本选修课程"生物与生活"。该校生物教研组充分利用学校的现有资源,深入激发教师潜能开发和实施校本选修课程,坚持以陶行知生活教育理论为指导设计校本选修课程。同时,以培养学生学科核心素养为目标,设计和确立校本选修课程的内容。在此基础上,根据不同年级学生群体的兴趣、爱好和需求,在充分调研的基础上,设计不同年级的课程内容,形成学校特有的校本选修课程开发和实践体系。

例如,育才中学针对初一年级开发以户外活动为主的校园动植物观察与识别、葡萄和草莓种植、豌豆花的解剖、宠物的科学饲养等课程;针对初二年级开发细胞模型制作、种子拼图、人工琥珀制作、敲拓染、插花、苔玉制作、生态景观瓶制作、动植物标本制作、叶脉书签制作、植物绘画等;针对高一年级,利用学校周边医院资源,从理论和实践操作层面对学生进行中暑、溺水、异物窒息、出血和骨折后急救、心肺复苏操作训练,以及水痘、肝炎、肺结核的预防,性安全教育;高二年级主要在已有实验室条件下,开发微生物发酵生产本地风味食品、植物组织培养、植物杂交育种、药用植物有效成分提取、PCR 技术操作等课程。[1]

第二节　教研组课题建设

教研组以课题研究为抓手，将教育科研与校本教研相结合，直指问题的解决，从而促进教研组建设，促进教师专业发展；以课题研究为载体，引领教师关注学生的学习需求，启发教师将自己在教学实践中遇到的问题转化为课题，运用恰当的科研方法和教育理论，为高效课堂提供学术保障。本节将从课题研究的常用方法、一般原则和基本过程等方面介绍教研组课题建设的思路和方法。

一、课题研究的常用方法与一般原则

（一）课题研究的常用方法

1. 文献研究法[2]

文献研究法是一种基于文本信息解读的研究方法，它要求研究者搜集各种文献资料，并由此进行理论辨析和思想阐明。研究者通过文献检索，可以深度解析相关文献，梳理出概念的内涵与外延，厘清概念之间的关系等。课题的研究背景、研究现状、概念界定、思辨探讨、理论建构等内容依赖于对相关文献的细致搜集和辨析探查。

---

[1]　和学新、赵方霞：《"五育并举"背景下课程融合的经验、问题及改进策略》，载于《课程·教材·教法》，2023年第9期，第40～49页。

[2]　吕林海：《利器以善事：如何选择合适的课题研究方法》，载于《江苏教育研究》，2023年第15期，第26～30页。

文献检索首先要明确课题研究的范围，确定文献来源途径，然后选择合适的工具，再查找原始文献。一般遵循从宽到狭、从近到远、从易到难的路线。文献来源主要有：①图书馆藏书，查找时可充分利用文献检索工具（目录、索引、文摘等，如《教育文摘周报》、《人大报刊复印资料》）和参考工具书（专题述评、动态综述、手册、年鉴、大全、百科全书等），以专业期刊及核心期刊为重点；②教育档案；③网站浏览；④资源库，如中国知网、维普资讯网、万方数据、超星数字图书馆等。通常来说，应以专业性强、内容新颖、论述深入，并能及时反映最新研究动态、介绍最新研究理论、推广最新教育科研成果的资料为主导。

2. 调查研究法

调查研究法是一种基于访谈、问卷开发、数据搜集、数据分析，进而进行模型建构的研究方法。该方法特别适合用于课题研究中对现状分析、整体把握的相关工作。使用此方法时，研究者要以正确的理论和思想作指导，通过访谈、问卷、测验等手段，有计划地广泛了解（包括口头的或书面的、直接的或间接的）、掌握有关教育实践的历史、现状和发展趋势，或有关的成果和经验、问题和教训等，并在大量掌握材料的基础上，进行综合分析，得出科学的结论，以指导今后的教育实践活动。

3. 行动研究法

行动研究法是一种基于研究者自身的行动、反思、改进而展开研究的方法。行动研究法通常需要研究者自己沉入实践行动之中，自己既是实践者也是研究者，在对自身实践的体验和反思的基础上，获取对研究问题的解决和深层规律的把握。在教育实践研究中，行动研究法特别适合进行实践策略建构或实践模式建构的相关工作。这需要研究者深入实践情境，边做边研，逐步凝练出有实践效力的策略模式。

4. 个案研究法

个案研究法是一种基于对个案进行深度解析、特质探究而获得研究结论的方法，这种方法不像问卷调查法那样可以对群体普遍的、整体的状况进行面上的把握，而是需要沉于案例深处，深入事物发展的机理之中，以获得更深、更细的洞见。在教育领域中，个案既可以是一个教学片段、思想教育中的一件小事，也可以是一个优秀课例、一个后进生的转变个案、一个有创意的课件制作等。

5. 课堂观察法

课堂观察法是一种研究者或观察者带着明确的目的，凭借自身感官（如眼、耳等）以及有关辅助工具（观察表、录音录像设备等），直接或间接（主要是直接）从课堂情境中收集资料，并依据资料做相应研究的教育科研方法。

(二) 课题研究的一般原则

1. 需要性原则——目的原则

需要性原则即课题研究要有明确的目的，要符合实际需要、社会需求及科学发展的需要，不仅需要针对时代特点，符合时代要求（即符合新课标理念），还需要针对教学工作重点、难点和热点问题，从中选择那些迫切要解决的、有代表性的、典型的课题。

2. 可行性原则——条件原则

可行性原则即课题研究需要具备实施条件，主观条件有研究者本人原有的知识、能力、基础、经验和专长等，所掌握的有关课题的材料及对课题的兴趣，即正确评价自己的知识结构和水平，研究能力、思维能力、兴趣等；客观条件包括与课题相关的资料、设备、时间、经费、技术、人力、理论准备等方面的条件，即正确评价是否具备客观条件。

3. 合理性原则——科学原则

合理性原则即课题研究要符合科学规律，有一定的理论根据和实践依据，不是主观臆想或凭空猜想。所以，选择研究问题时要以事实为依据且与客观规律一致，要在继承的基础上有所发展，要充分反映研究思路的清晰度与深刻性，要具备专业设计和统计学设计的科学性。

4. 创新性原则——价值原则

创新性原则即课题研究要具有研究价值。科学研究是一种创造性劳动，不断创新是科学研究的生命力。创新性是衡量科研成果和学术论文价值的重要标准，可以说没有创新性的课题是没有价值的。创新应是前人没有研究过的或是已有研究工作上的再创造，研究结果应是前人所不曾获得的成就。创新可分为两类：一类是原始创新，其核心在于所属研究领域中基本概念的建立或突破、新方法的建立或在新领域内的拓展基础研究工作等；二是次级创新，其主要表现在对现有概念、理论、方法等的补充和改良，较多应用于基础研究和大部分应用型研究。创新提倡从多学科的融合中提出新问题、选出新方向，改变那种只在本学科范围内选题的习惯。严格意义上的交叉，必须从学术思想、预期目标、技术方法等方面实现全面融合。

5. 效益性原则——实用原则

效益性原则即课题研究要具有实用价值，选择的研究问题应具体、实在，研究范围宜窄一些，因为教育科学的研究应求效益、求应用，研究成果要有推广价值，对他人有启发指导作用。

二、课题研究的基本过程

在课题研究的过程中需要处理好大课题与小课题的关系、学习与研究的关系、过程与结果的关系、提炼与规律的关系、写作与成果的关系。下面将从中学一线教师的实际需要出发，探讨课题研究基本过程中各个环节的具体路径和操作时需要注意的问题，旨在为广大中学教师提供具有针对性、指导性和实用性的课题研究技术路线。

（一）如何确定课题名称

问题是课题研究的起点，但并非所有的问题都能成为课题。课题的选择需要经历从产生动机到选定方向、从问题朦胧模糊到逐渐清晰集中的过程。

1. 问题的来源

问题的第一来源是教育教学实践。教师与学生打交道看似平常，但在实际过程中往往存在这样或那样的问题。其中教师自身的经历与体验（如成功的经验、失败的教训、当前的困惑）都有可能成为问题的源泉。问题的第二来源是外来信息的触发，尤其是从阅读中获得的灵感。教师可以从各种媒介中筛选出感兴趣的、有用的信息，触类旁通，激发思维的火花。

对中学教师而言，从事实践研究应该是最合适的选择。教师从自身的实际能力和水平以及研究时空考虑，把自己在实践中生成的问题作为研究对象，能充分发挥自己在教育教学一线熟悉学生、教材以及实践经验丰富的优势，做到"小题大做"。这样形成的研究成果很容易应用于实践，以直接改善和提高教育教学质量。

2. 题名的确定

题名即课题名称，是对课题研究实质的高度概括，需要进行字斟句酌的推敲，力求准确、规范、简洁。题名应尽量完整地展示课题的全貌，最好能清楚体现研究的对象、范围、内容、方法等。首先，题名必须能为研究指明重点和方向，让人从题名中就可以立刻了解所研究的重点是什么，研究方向或主要内容是什么。其次，题名表述应该简洁明了，并有体现研究活动关键内容的关键词。题名长度一般在 20 个字左右，最多不超过 25 个字。最后，一般题名表述采取陈述句的形式，不宜用疑问句或祈使句。

题名的常见形式有如下三种：①三要素基本结构，即研究对象、研究内容与研究方法。例如，"初中生自主学习品质及其影响机制的实证研究"，研究对象为初中生，研究内容为初中生自主学习品质及其影响机制，研究方法为实证研究（调查、实验等）。②"理论依据＋"结构，其表述更多地应用于建立在理论学习或热点引入基础上的研究课题，一般需要表述该课题使用的理论或研究背景。例如，"'具身认知'理念下高中生项目式学习设计与实施研究"就属于"理论依据＋研究对象与研究内容"，其理论依据为"具身认知"，研究对象为"高中生"，研究内容为"项目式学习设计与实施"。又如，"基于焦点解决为导向的初中生发展规划与落实的实践研究"，理论依据为"焦点解决"，研究对象为"初中生"，研究内容为"初中生发展规划与落实"。③"研究背景＋"结构，如"××视野下""××环境下""基于××"等。例如，"新高考背景下普通高中教学管理变革的研究与实践"的研究背景为"新高考"，研究对象为"普通高中"，研究内容为"普通高中教学管理变革"；又如"STEAM 教育视野下幼儿园'乐构'创玩工坊之开发路径研究""移动学习环境下高中生地理实践力培育路径设计与实施研究""基于生物学科核心素养的概念教学策略研究"等。

3. 选题的误区

教师在选题时容易出现以下误区：

（1）太大：贪大求全，越搞越复杂。具体原因：一是盲目跟风，没有高度契合自己的教育教学实际；二是不能从大的问题中抽取一个小的角度去研究，如关于素质教育的研究、关于心理健康的研究、关于课堂有效性的研究等属于大问题，不宜作为中学教师研究的课题。

（2）太远：舍近求远，得不偿失。教育科研，从研究机会上看，教师有得天独厚的研究机会，学生就是研究对象，教室就是研究室，教学过程就是生动的研究过程；从自然观察的角度看，任何外来研究都不会改变课堂的自然状态，教师是最理想的观察者，因为他本来就置身于教学中。因此，教师是掌握观察的方法、了解观察的意图而又不改变原来课堂教学情境的最佳人选。这种"做中学、学中做"的行动研究法，相对来说更容易出成果。

（3）太空：只见文字材料，不见实际效果。科学需要求真务实，不脱离实际，不搞"书斋式""注解式"的研究，从书本到书本，会导致研究成果的价值十分有限。因此，教师做研究时应从自己身边找课题，把问题课题化，一边工作，一边研究，将研究成果反哺教学，切实解决在教育教学过程中遇到的实际问题。

4. 好题目的特点

一个好题目需要具备以下特点：问题明确而具体，视角精准而独特，蕴含深刻的思想观点。其中，问题明确而具体，指的是选定的问题一定要具体化，界限要清楚，范围宜小，不能太笼统，因为问题是否具体适度，往往会决定全局成败。视角精准而独特，即要做到选题新颖，要把研究课题的选择放在总结和发展过去有关学科领域的实践成果和理论思想的主要成果的基础上，没有这个基础，任何新发展、新突破都是难以实现的。蕴含深刻的思想观点，即所选择的研究课题要符合社会发展、教育事业发展的需要，要有利于提高教育教学质量，促进青少年全面发展；所选择的研究课题是根据教育科学本身发展的需要，为检查、修正、创新和发展教育理论而进行的研究。

（二）如何撰写文献综述

开题报告中文献综述的撰写包括两方面内容：一是要围绕研究的核心问题搜集相关文献资料并进行阅读、分析、整理，二是用自己的语言把评论、观点和见解表达出来。在课题研究开展过程中，教师需要做好文献综述撰写工作，明确自己的研究问题并形成创新点。在文献收集、鉴别、筛选、整理的基础上，找到为我所用的参考资料。在撰写文献综述时，需要注意：

（1）文献综述的内容要体现综、述、评的有机结合。文献综述的内容不仅要包括对全部文献的综合描述，而且要包括综述作者对所有文章的评述。简单罗列相关文献而不做任何评述，将失去文献综述的意义。[1]

（2）文献综述要用自己的语言把文献中作者的观点说清楚，尽量避免大量引用原文，力求文字简洁。撰写文献综述要尽量避免大量引用原文，而是要用教师自己的语言把观点表达清楚，从参考的原始文献中得出一般结论。

（3）撰写文献综述要围绕所研究的问题展开。文献综述不是资料库，而是要紧紧围绕课题研究的问题，确保所述的已有研究成果与本课题研究直接相关，既能系统全面地反映研究对象的历史、现状和趋势，又能较全面地反映研究内容。

（4）文献综述整体内容要体现全面、准确、客观。文献综述要全面、准确、客观，用于评论的观点、论据最好来自一次文献，尽量避免使用别人对原始文献的解释或综述。[2]从课题被批准立项后到开题论证之前的这段时间很有可能出现新的文献，课

---

[1] 李萍：《音乐专业学生撰写"文献综述"的问题及对策》，载于《黄河之声》，2019年第10期，第87页。

[2] 耿申、周春红：《课题研究方案设计》，安徽教育出版社，2004年版，第52页。

题组成员要继续收集文献，避免遗漏最新的、研究价值较大的、与研究课题相关的重要文献。

（三）如何设计研究方案

研究方案是一种基于问题解决的预设，既要深谋远虑，又要因地制宜。我们需要明确研究方案设计的基本思路，理解研究方案的基本构成。

1. 研究方案设计的基本思路

研究方案作为课题研究的"蓝图"，其设计可沿着"现实、理想、可能、可行"的思路来进行。

现实，即起始状态，指教育教学中的实际现象如何，事实是怎么样的；理想，即应然状态，指从"最优化"的角度构建理想的模型（在理想的比照之下，能看清现实中的问题，以及两者的差距所在）；可能，就是改变现实状态有哪些途径，从哪些方面入手能改进到怎样的程度，或者对"理想"加以修正，明确研究目标，提出研究假设；可行，就是分析实际资源，对问题按轻重缓急和解决条件做出分类，确定具有实际价值的研究内容，选择切实可行的研究方法。

2. 研究方案的基本构成

课题的研究方案尽管形式多样，但都要回答如图 2-5 所示的基本问题。对这些基本问题的回答，就构成了课题研究方案的各种要素及展开时的参考排序，并可根据课题研究需要做出调整。课题研究的各个要素并不是孤立的，它们都是研究方案的有机组成部分，通过彼此间的逻辑关系联结成为一个具有内在结构的整体。

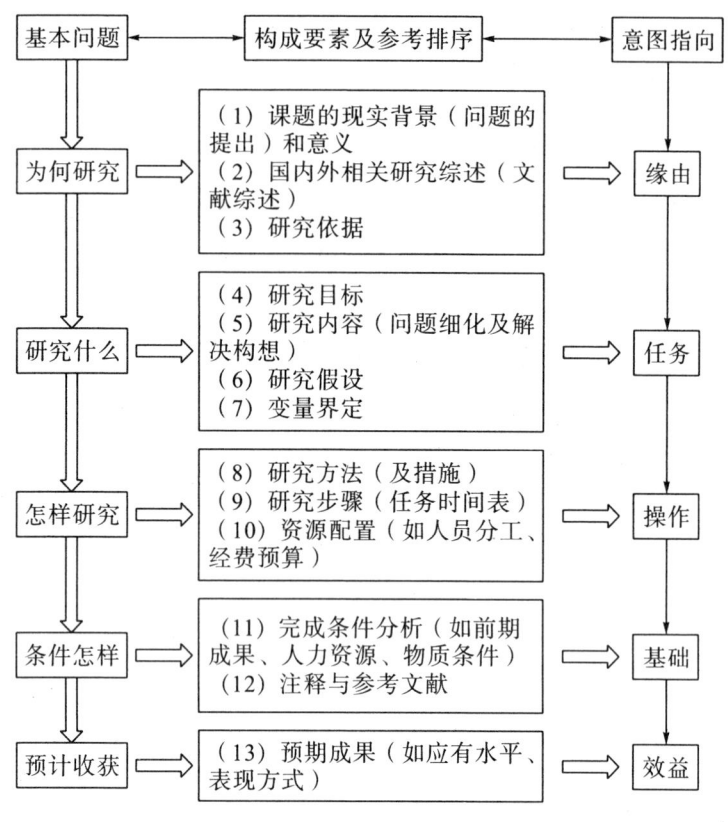

图 2-5 研究方案包含的基本问题

基本问题	构成要素及参考排序	意图指向
为何研究	（1）课题的现实背景（问题的提出）和意义 （2）国内外相关研究综述（文献综述） （3）研究依据	缘由
研究什么	（4）研究目标 （5）研究内容（问题细化及解决构想） （6）研究假设 （7）变量界定	任务
怎样研究	（8）研究方法（及措施） （9）研究步骤（任务时间表） （10）资源配置（如人员分工、经费预算）	操作
条件怎样	（11）完成条件分析（如前期成果、人力资源、物质条件） （12）注释与参考文献	基础
预计收获	（13）预期成果（如应有水平、表现方式）	效益

3. 研究方案设计的思维过程

研究方案设计的思维过程如图 2-6 所示。

首先，兴趣是研究的动力，只要找到感兴趣的问题或现象，就可以确定研究的大致方向。其次，查阅相关文献或做初步的调查咨询，旨在了解"行情"、扩大视野，以寻找合适的切口，最终确定要研究的问题。最后，围绕课题研究的目标与假设，对变量、内容、方法、步骤、资源、条件及预期成果等各个方面进行充分、合理和明确的论证或设想，最终形成研究方案。

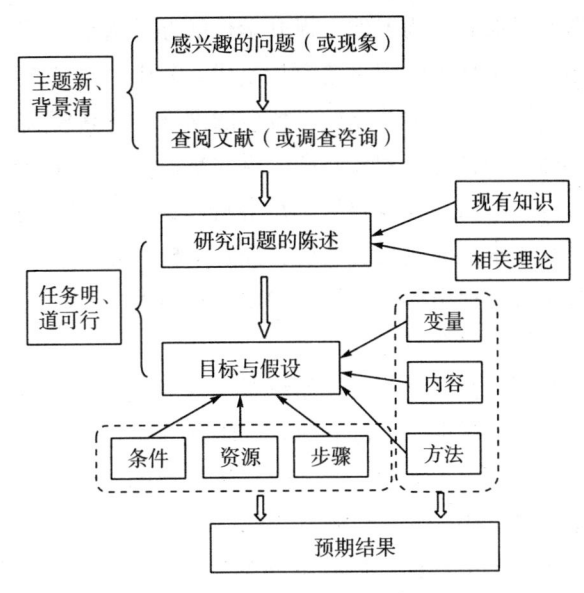

图 2-6　研究方案设计的思维过程

一个好的研究方案设计，应该做到：背景清，即清晰梳理相关领域的研究背景；主题新，即在背景分析的基础上，选择缺乏研究或者研究尚未完善的领域，提炼出新颖而富有实际意义的主题；任务明，即把主题分解为具体的、明确的、可操作的研究任务；道可行，即为完成任务制定符合实际条件的操作方法、步骤等。

（四）如何确定研究目标

研究目标是课题研究的灵魂，是对问题解决的期望和成果的体现。因此，研究问题的确定是研究目标设定的起点，研究目标必须围绕问题生成。例如，在"基于云空间下学校德育创新模式的研究"这一课题中，研究目标主要包括培养师生终身学习的意识和能力、建立新型的师生关系和家校关系、提高学校德育的针对性和实效性、实现教师专业水平的成长和发展、促使学生养成良好的学习习惯和行为习惯、提升学校的办学水平、形成办学特色以及建立校本特色的网络德育新模式。其中，与最初提出的研究问题最直接相关的是建立校本特色的网络德育新模式，其次是提高学校德育的针对性和实效性，再次是促使学生养成良好的学习习惯和行为习惯。其他目标如培养师生终身学习的意识能力、实现教师专业水平的成长和发展、提升学校的办学水平、形成办学特色等与最初提出的研究问题的相关性不大。因此，这类目标往往不适合作为研究目标。

在确定研究目标时，必须始终围绕课题选题和研究的问题，不能随意添加或减少子目标。同时，研究目标需要清晰明确，避免出现含糊不清、相关性不大、随意拔高等问题。例如，"基于培教文化的'培德教养'校园文化建设研究"这一课题中，其研究目标存在多个子目标，如凝练办学理念、"一训三风"、构建"培德教养"文化、形成培教特色文化等。这主要是因为研究者试图解决学校多方面的问题。但研究目标的设定需要依据具体且单一的问题，调整为：通过实践研究探索，基于校园环境创设、制度文化和德育文化构建"培德教养"校园文化。

总之，在课题研究的设计过程中，应始终以问题为研究目标的起点，围绕课题选择和研究的问题设定清晰、明确的研究目标，这样才能确保研究的顺利进行和成果的有效产出。

(五) 如何搜集研究资料

实施研究方案的目的是通过各种方法来获取与研究相关的文献资料或事实数据，以便能够更好地理解和解答研究问题。

1. 文献资料

文献资料是指存在于书籍、报刊、网络、音像制品、教育档案等各种媒介中的现成资料，其是学术研究的重要基石，能为教师提供丰富的信息资源和研究灵感，有助于教师更深入地理解和探究学术问题。收集的文献资料的内容涵盖课题研究的历史和现状、主要研究成果、研究重点、研究方法以及存在的问题等,这些信息有助于研究者明确课题涉及的各种概念和研究背景,从而判断课题的独特价值,进而对其进行修正和完善。在收集文献资料的过程中,教师可能会受到他人的思想启发,激发新的灵感、发现新的问题、形成新的观点,这些都将帮助原定研究课题的改进和提升。

2. 事实数据

事实数据是教师运用自身的观察、实验和调查等实证方法而得来的生成性资料。在收集事实数据前,教师会依据研究的具体目标,对资料范围做界定,并采取不同的对策来获取不同类型的资料。事实数据主要包括两类:定性记录和定量数据。

定性记录是教师对研究对象采取调查、访谈、观察等定性手段记录下来的资料。这些记录包括客观性的真实记录和主观性的描述,后者可能带有教师个人的主观感觉。定性记录的主要目的是深入理解研究对象,揭示其内在的、主观的、动态的特征。

定量数据是教师通过一定的手段对研究对象进行测量所获得的数据,目的是对研究对象进行客观、精确的描述和分析。获得定量数据首先要有有效可靠的量化手段。例如,为了调查学生的创造能力进行的测验,如果没有一个可以用来描述其创造能力的合理模型,那么就无法获得可信的定量数据。

在进行研究时,对两类事实数据的应用,需要采取不同的对策。例如,如果需要获取大量的客观性数据,可能需要采用调查或访谈的方式;如果需要获取主观性的描述,可能需要采用观察或直接记录的方式。同时,为了确保数据准确可靠,还需要对数据进行反复核实和验证。

(六) 如何处理研究资料

研究资料既是研究的对象，也是总结研究结论的依据。教师通常在处理研究资料时，首先确定研究的大致内容；其次根据这个内容确定资料收集的范围，在阅读完主要资料后确定研究的具体内容；最后根据具体内容全面收集原始资料。这是一个循环往复、螺旋式上升的过程，主要包含筛选、归类、记录、分析四个步骤。

1. 筛选

在初步阅读和简单分析的基础上筛选资料，保留对本课题研究有参考价值的资料；避免个人主观倾向，确保资料可靠、正确、权威。要注意选取符合自己假设的证据，同时也不能忽略与假设相悖的证据。对于孤证材料，应慎重取舍。如有缺漏或不完整的部分，需做补充。

2. 归类

根据资料性质、内容或特征将相异资料区别开来，将相同或相近资料合并为一类，构成系列。按分类标准进行划分，确保资料有序。

3. 记录

选取资料的精华以及具有特色的部分进行辑录或概括，使之由零碎变成系统，由杂乱变成有序，并能系统完整地反映研究对象的全貌。记录包括转化、二次选择、摘录、提要、编排等步骤。对于重大研究课题，还需写出文献综述。

4. 分析

运用科学分析方法对信息资料进行分析，研究特定课题的现象、过程及内外各种联系，找出规律性的东西，构成理论框架。在读资料的过程中，要通读整理过的资料，寻求意义，找出其中的联系；在提炼阶段，要从中抽取核心内容；在建构阶段，要确定用于解释整体内容的框架。分析方法上，通常将定性分析和定量分析交互使用。资料的使用主要是引用，以证明自己的观点，包括直接证明、间接证明、反证、部分证明等。

（七）如何凝练课题研究成果

凝练课题研究成果可以通过两个方面展现：一是完成课题的结题工作，二是撰写相关论文。结题是对课题研究的总结、研讨、理论阐释以及提出新问题的过程，需要完成结题文档整理、结题报告撰写等工作。通过撰写论文，可以对研究成果进行凝练和推广，并将其呈现在结题报告中。

1. 整理结题文档

整理结题文档是课题研究的最后一步，也是关键的一步。结题文档通常包括课题申报书及开题报告、主体报告、工作总结、附件以及结题申请（或鉴定）表等，它是对课题研究过程中所生成的原始资料进行有目的的组织与整合而成的一种特殊文档。结题文档需要全面反映课题研究的所有过程及结果，包括文字、图表、音像、软件等不同形式的内容。整理和撰写结题文档是一项重要且细致的工作，需要确保文档的全面性和准确性，以便于同行专家进行评议。

2. 撰写结题报告

（1）结题报告类型和结构要求。

结题报告是一项重要的科研项目报告，需要详细描述和解释研究结果是如何获得的，并对获得结果的合理性进行解释和说明。根据课题研究的对象和采用的方法，结题报告的结构和表述形式以及侧重点会有所不同。但总体要求是一致的，即反映全貌并突出重点。在撰写结题报告时，我们需要把握从立项到结题的

"全程"轨迹，关注课题预定目标、探索重心和研究成果的"全部"环节。此外，还需要反映出研究教师、评价教师乃至实践教师的"全员"意见。在撰写结题报告时，要注意突出创新研究成果，以及实践中已有效果的评述和将有效果的预测。

结题报告有多种类型，包括哲理型论文、实证型报告（如调查或实验报告）、经验型报告、个案研究报告等。这些类型的报告需要根据课题研究的对象和采用的方法做具体安排，因此结题报告的结构和表述形式也会有所不同。例如，实证型报告需要详细描述研究方法和实验过程，并分析实验结果和结论；经验型报告则需要总结实践经验，分析实践效果和存在的问题，并提出改进措施。

（2）结题报告撰写过程。

结题报告撰写一般是课题研究的最后一个环节，一般可以分为四个步骤：

第一步，确定主题。首先，教师需要对所有研究资料进行科学的归纳和演绎，提炼出课题的创新观点。同时，教师需要明确报告中要表达的主题（中心论点），并确保它在报告的不同层次内容中得到充分展现，包括并列、递进、兼容等逻辑关系。

第二步，构建提纲。梳理所得的逻辑顺序后，教师需要构建结题报告的大致框架结构。这个框架需要显示各个层次的论证关系，首先是大标题，其次是子标题，最后是具体的段落内容。此外，教师还需要考虑每个部分的层次结构，列出每个层次的要点和事例，并将相关的图表和索引分配到各个标题下。

第三步，完成初稿。在准备好充分的材料、构思和拟定完整的提纲之后，教师就可以开始撰写初稿。初稿的写作方式可以根据个人习惯和课题特点有所不同，但都需要以较成熟的提纲和较丰富的材料为前提。

第四步，修改和完善。在完成初稿后，教师需要对报告进行全面修改和完善，包括斟酌观点、增删材料、梳理结构、润色语言等。在这个过程中，教师可能会对研究意图和写作焦点进行反思，甚至修改写作提纲，以接纳和容纳新的观念和认知。

另外，在结题报告撰写过程中还应当注意对照研究实施方案和开题报告，确保研究内容和成果相对应；根据研究材料提炼研究成果，体现研究过程和创新之处，与教育教学实践相结合；定量分析与定性分析相结合，增强课题研究的可信度；结论分析要实事求是，对研究结果进行中肯总结，指出研究的局限性、待探讨的问题等。

第三节 教研组课堂建设

课堂是学校教育教学工作的主阵地，教师通过课堂发挥教育影响，引导学生在知识和技能、思维和情感、品德和人格等方面得到发展。为落实当下的课堂教学改革，教研组课堂建设需要重新审视课堂，从教学设计、教学方法、教学资源、教学评价等多个方面做优化和提升。

一、课堂建设的原则

课堂建设的原则是确保课堂教学活动有序、高效进行的关键。课堂建设的原则包括科学性原则、整体性原则、进阶性和系统性原则、分层设计原则以及互动性原则，这些原则相互补充，共同为优质课堂构建提供指导。

（一）科学性原则

科学性原则强调教学内容和方法要符合学科规律和学生学习发展规律。科学性原则在教研组课堂建设中起着基石的作用。尤其在"三新"背景下，我们需要以更科学、更全面、更贴近学生发展的方式去建设课堂,在追求教育创新的道路上,牢牢把握科学性原则,注重学生的主体地位,关注学生的全面发展。

1. 核心素养为导向

随着教育改革的不断深入,核心素养已成为教育改革的核心内容,这主要是因为核心素养关乎学生的未来发展。这意味着我们要将教育的重心放在培养学生的关键能力和品格上,而不仅仅是传授教材知识。因此,"三新"背景下的课堂建设首先要以核心素养为导向,也就是教学目标要指向核心素养的培养,重视学生的实践和体验,鼓励学生开展合作学习,关注学生的个体差异,注重学生自主学习能力的培养。

2. 教、学、评一致性

教、学、评一致性是将教学目标、教学环节和评价方式紧密结合,确保教师教学活动、学生学习活动以及课堂评价的高度一致,这是落实核心素养的必然要求。课堂教学要以学科核心素养的目标为统领,建设一个教、学、评一致的教学体系。这需要教师精心设计清晰的教学目标、逆向设计评价任务、用心安排教学环节等。

3. 教学方法得当

教学方法是落实教学目标的关键,教师应根据学生的年龄、兴趣、学习风格和知识水平选择适当的教学方法,以确保学生积极参与课堂活动并从中受益。这需要教师做到采用的教学方法应匹配教学内容、灵活多变,并做到因材施教。

(二) 整体性原则

整体性原则关注课程体系的整体设计和各教学环节的协调配合。新课程标准优化了课程内容结构,教研组要基于学科核心素养发展的要求设计课程内容,并进一步优化内容组织形式。同时，要设立跨学科主体学习活动，加强学科相互联系，做到以学生为主体，更好地促进学生的全面发展。

1. 单元教学设计

在单元教学设计中，教研组应以课程标准为导向，从宏观角度把握知识结构，关注知识之间的内在联系，进行一体化设计。例如，可以将每个单元教学内容视为一个整体，确定单元教学目标、教学内容，以此为抓手进行教学设计，帮助学生构建完整的知识体系。

2. 课时教学设计

在进行课时教学设计时，要以学科核心素养要求与单元教学目标为导向，同时，各课时之间遵循整体性原则，注重前后的一致性与连贯性。注重跨学科融合，将不同学科领域的知识与技能进行有机整合，培养学生的综合思维能力和跨学科素养，提高解决实际问题的能力。

3. 学科核心素养培养

通过整体性原则，教研组应关注学生知识迁移和应用能力的培养。教师要引导学生将所学知识应用于解决实际问题，培养学生的实践能力。从中，需要关注学生创新思维能力的培养，鼓励学生运用所学知识探索创新，找到新的解决问题的方法与策略。

（三）进阶性和系统性原则

进阶性和系统性原则要求教学内容按照学科逻辑和学生认知发展顺序来组织，确保知识体系的连贯性和完整性。进阶性和系统性是教学过程中的核心要素。进阶性是教学的重要方向，它让学生的学习过程能遵循从简单到复杂、从具体到抽象、从低阶到高阶的进阶路径，引领学生逐步深入地探索知识和建构概念体系。系统性是教学的归宿，教学内容是一个有机整体，教学活动应该具有完整、连贯的组织框架，以确保学生的学习过程连贯有序。

1. 进阶性设计

进阶性设计是指教师要根据学生的认知发展水平和学科特点，将教学内容划分为不同层次，对应不同学段，确保学生在每个阶段都能获得相应的知识与技能；从低层次到高层次，让学生得到全面且充分的发展。教学内容应当由易到难，使学生所学知识逐步深入，不断巩固和拓展知识；通过由浅入深、由易到难的教学安排，激发学生的求知欲，培养学生的思维能力。随着学段的提高和学生认知水平的提升，教学内容的难度和深度也应随之增加，这样可以保证学生在学习过程中能够不断挑战更高难度，提高解决问题的能力。

2. 系统性设计

在规划教学内容时，需从宏观角度把握知识结构，充分考虑学科知识的内在逻辑和结构，关注知识点之间的关联性，进行整体设计，为学生提供全面、系统的学科知识，确保学生在学习过程中能够建立完整的知识体系。

在规划教学内容时，要特别关注各学段之间的有机衔接。依据学生从初中到高中在认知、情感、社会性等方面的发展特点，教研组应明确不同学段的教学目标、内容和评价标准，合理安排不同学段教学内容，确保学生在不同学段之间的平稳过渡，体现教学目标的进阶性和系统性。

学生与学生之间的认知水平具有差异性，教研组应定期进行学情分析，了解学生的学习状况、需求和困惑。通过学情分析，调整和完善教学内容，使进阶性和系统性原则更好地适应学生的实际情况。根据不同学生的特点和需求，教研组应制定个性化的教学方案，在保证教学内容层次性和完整性的基础上，为学生提供有针对性的教学资源和策略。同时，还须建立有效的反馈机制，及时了解学生的学习进展和困难。根据反馈情况，再次对教学内容进行调整和优化，确保进阶性和系统性原则在实际教学中得到有效实施。

（四）分层设计原则

分层设计原则是指针对不同层次的学生需求，设计差异化的教学内容和教学方法。新课程标准倡导关注学生个体差异的课程理念。教师应针对不同层次的学生，提出不同的教学目标，选择适宜的教学内容，采用多样的教学方法与学习评价方式，为学生创造公平的学习环境，满足每位学生的学习需求，让学生获得更好发展。

1. 学情分析

在进行分层设计前，教师要对学生的认知水平、学习能力、兴趣爱好等进行调查和评估，从多个维度掌握学生情况，并根据学生的学习水平、能力水平等将学生划分为不同层次类型，为分层设计提供支撑。

2. 知识分层

（1）教学内容差异化。

针对不同层次类型的学生，设计不同难度和深度的教学内容。对于较低层次类型的学生，应注重基础知识的掌握和巩固；对于较高层次类型的学生，应注重拓展和提高，培养他们的思维能力和创新能力。

（2）教学内容动态调整。

根据学生的学习进展，适时调整教学内容的层次。对于进步较快的学生，可以逐渐提高教学内容的难度和深度；对于学习困难的学生，可以提供更多的支持和辅导，帮助他们达到相应层次的要求。

3. 教法分层

（1）教法个性化。

针对不同层次类型的学生，采用不同的教学方法和策略。例如，对于基础较差的学生，可以采用直观教学、示范教学等方法，帮助学生更好地理解和掌握知识；对于思维活跃的学生，可以采用探究式教学、项目式教学等方法，以充分激发学生的学习兴趣。

（2）教师指导差异化。

针对不同层次类型的学生，教师指导的方式和程度应有所不同。对于较低层次类型的学生，教学时要发挥教师的主导作用，为学生提供更多的指导和帮助，确保他们能够掌握基础知识和技能；对于较高层次类型的学生，教学时要充分发挥学生为主体、教师为引导的原则，培养学生自主学习和解决问题的能力。

4. 评价反馈

针对不同层次类型的学生，应采取不同的评价标准和方法，以适应其学习节奏和进度。对于基础扎实的学生，教师应注重他们是否能够独立解决问题，挑战更高难度的学习内容；而对于基础较弱的学生，教师应关注他们是否能够掌握基本概念，逐步提升他们的自信心和学习动力。为了确保每个学生都能获得公平的学习机会和提升动力，建立有效的反馈机制至关重要。根据反馈情况，对分层内容进行适时优化调整，使其适应学生的实际情况，确保教学内容和教学方法能满足不同学生的学习需求和发展目标。

（五）互动性原则

互动性原则强调师生间的交流与合作，通过有效互动提高教学质量。互动能够激发学生的学习兴趣，提高他们的主动性和积极性，增强师生之间的沟通和交流。

1. 营造积极互动的环境

"亲其师，信其道。"教师应积极构建良好的师生关系，让学生喜欢上自己，喜欢上这门课。同时，教师还要激发学生的主动参与意识，鼓励他们积极发言、提问、讨论等，使其主动参与课堂互动。教师应及时给予学生正向的肯定与鼓励，增强他们的学习自信心和积极性，让其愿意主动进行师生互动，表达个人观点。

2. 运用多样互动形式

根据课堂需要，教师应有针对性地采用小组讨论、角色扮演、案例分析、课堂辩论、问答互动等形式，促进师生间的沟通与交流，增强学生的学习兴趣，培养学生的团结协作能力、思辨能力、运用知识解决问题的能力。

3. 正向反馈与策略调整

（1）正向反馈。

教师要根据学生在互动中的表现，及时给予学生表扬和鼓励的正向反馈，并针对不足给出具有建设性的指导意见，帮助学生认识到自己的优点和不足，激励他们不断进步。

（2）策略调整。

教师要根据学生的互动表现和反馈，对教学策略进行适当调整。对具有较高难度的教学内容进行解构与重组，让学生像上台阶似的逐步掌握；对于相对枯燥的内容，在教学时可以采取更加生动有趣或学生喜闻乐见的教学方式，增强学生的学习兴趣，从而提高教学效果。

二、课堂建设的过程

课堂建设的过程一般包括课堂教学设计、课堂教学实施和课堂教学评价，如图 2-7 所示。教师是课堂建设所有步骤的主要参与者，甚至是决策者。首先，合格的教师必须具备的一项核心能力就是课堂教学设计，这要求教师能设计出富有吸引力、能够激发学生学习兴趣，并能够有效引导学生积极参与的教学内容呈现形式；其次，教师需要练就过硬的课堂教学实施能力，这要求教师具备较强的观察能力、语言表达能力以及课堂管理能力，能根据学生的学习状态选择恰当的教学方法，并能随机应变处理生成性的问题；最后，教师还要具备课堂教学评价的能力，做到准确及时地发现教学中的问题，并做出相应调整。

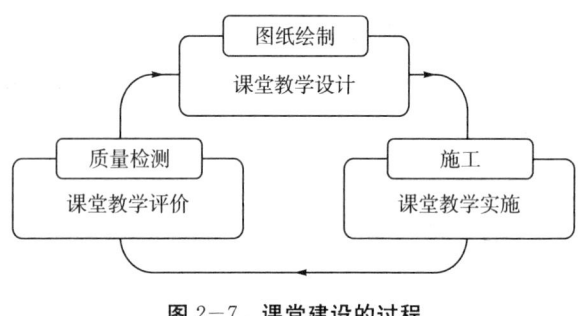

图 2-7 课堂建设的过程

（一）课堂教学设计

课堂教学设计通常包括研读课标、解读教材、分析学情、制定教学目标、设计评价任务、设计教学活动等程序，如图 2-8 所示。

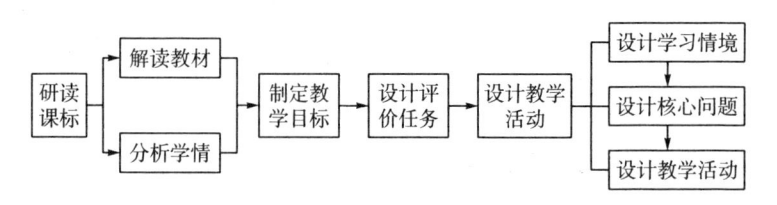

图 2-8 课堂教学设计的程序

1. 研读课标

课程标准是学科教学的指导性文件，教师应当依据课程标准来进行课堂教学设计。教师要审视课程标准，领会其精神，并将其作为教学设计的出发点，使教学设计更加具有高度和灵魂，从而体现学科育人的价值。

具体而言，教师可以通过研读课程标准，深入理解课程性质、基本理念和课程目标，树立培养学生学科核心素养的思想，并着眼于学生的未来发展，深入思考学科的教育价值。同时，教师还应熟悉课程的内容要求，了解不同模块、单元、课时在课程中的教育价值，树立整体教学意识，为知识的传授和知识结构体系的建立奠定基础。此外，教师还应明确每个模块的学业要求。通过学习教学提示，吸纳课程标准的建议，设计更多的实验活动、实践活动等，开展自主合作探究学习，以提高教学质量。

2. 解读教材

教师在课标解读的基础上，需要收集支撑知识建构和育人目标的教学内容。对于绝大多数教师和绝大多数课堂来说，教材知识是教学内容的主要组成部分，原因在于教材知识是教材的编者依据课程标准精心选择和组织的教学内容，深入地解读和分析教材，有助于教师快速形成系统知识结构体系。具体而言，教师在解读教材时，首先要了解教材的整体结构和编排特点，把握知识体系的内在逻辑和呈现方式。其次要关注教材中的重点、难点、关键点和易混点，明确学生在掌握知识过程中会遇到的挑战和困难。通过对教材的解读，教师可以进一步细化教学目标，确保目标的针对性和可行性。值得注意的是，解读教材不代表完全依赖教材，教学活动应以课程标准中的"内容标准"要求为基准，筛选有助于实现目标的知识体系和学习材料，其中，教材可谓最重要的参考资料。

3. 分析学情

分析学情是教学设计过程中的重要环节。它涉及了解每个学生的生理、心理、社会文化、家庭教育等，以及这些因素对学生智力因素和非智力因素发展水平的影响。因为学生的生理、心理、社会文化、家庭教育等会让学生在认知结构、学习风格、学习动力等方面表现出显著差异，所以教师在进行教学设计时需要深入分析学生的智力因素与非智力因素，并根据所教学生的实际情况，有针对性地设计教学目标、确定教学重难点、选择教学方法与策略等。

在分析学情时，教师首先要考虑每个学生的个体差异，如学生在思维模式、记忆方式、理解能力等方面的独特性。对于认知结构方面的差异，教师可以采取灵活多变的教学方式，以满足不同学生的需求。教师可以通过分层次教学、个性化辅导等方式，针对不同层次的学生制订不同的教学计划和目标。同时，教师还需要关注学生的学习风格和学习动力等方面的差异。学习风格包括学生的个人学习习惯、偏好和兴趣等，如有的学生喜欢通过视觉方式学习，有的学生善于通过听觉方式学习等。教师可以通过观察和了解学生的学习风格，选择适合的教学方式和资源，以提高学习效果。而学生的学习动力也是教学设计中的重要因素，教师需要了解每个学生的学习动机、目标和期望，以及在面对困难时的态度和行为。教师可以采用多种方式激发学生的内在学习动力，如设计挑战性的学习任务、鼓励自我反思和自我评价、提供积极反馈和奖励等。

4. 制定教学目标

基于对课标、教材和学情的深入了解，教师需要制定明确、具体的教学预期结果，这就是教学目标。教学目标是教师教学活动和学生学习活动的重要指标体系，既具有指导教师进行教学策略选择的功能,又具有引导学生参与学习活动的功能。它是教学活动的出发点和归宿,是确保教学有效性的关键。因此,制定科学合理的教学目标,对于教学设计的成功至关重要。

(1) 教学目标的功能。

教学目标的功能主要有:①指导教师进行教学策略选择。教师需要根据教学目标来选择合适的教学方法和教学资源,以确保教学活动符合学生的学习需求。②引导学生的学习活动。教学目标可以为学生提供明确的学习方向和预期结果,帮助学生了解需要掌握的知识和技能,从而激发学习动力和兴趣。③评估教学效果的依据。教学目标可以作为评估教学活动效果和学生学习成果的重要指标,帮助教师了解学生的学习进展和存在的问题,从而调整教学方法和教学策略。

(2) 教学目标的特点。

教学目标的特点主要有:①明确性。教学目标应该明确、具体,能够清晰地描述学生需要达成的学科核心素养要求。②可操作性。教学目标应该具体,能够为学生提供具体的行动指南,帮助达成教学目标。③层次性。教学目标应该根据学生的认知水平和能力,由易到难、由浅入深地设置,形成一定的层次结构。④针对性。教学目标应该针对特定的教学内容和学情设置,符合课程标准和教材的要求,满足学习需求。

(3) 教学目标的基本要素。

教学目标是学习主体在具体学习活动中所要达到的预期学习效果,是教学内容的纲领性要点,也是教学活动的指南性指示,同时也是教师教学结果和学生学习结果的评价性标准。教学目标应当包含三个基本要素:教学内容、学生活动、评价标准。

①教学内容:教学内容的选择是检测学生目标达成度的首要标准。它指明了学生需要学习的知识内容,涵盖了单元或课时的知识要点。教学内容的选择应当依据学科特点和学生实际,确保

学生能够掌握必要的知识和技能。

②学生活动：学生活动的设计是引导学生完成相应学习任务的路径和方法。通过设计丰富多样的学生活动，学生的学习兴趣可以得到激发，思维能力和实践能力可以得到培养。学生活动应当注重实践性和操作性，让学生在实践中掌握知识，培养解决问题的能力。

③评价标准：评价标准是学生学完相应内容后应该达到的基本要求。评价标准应当全面、客观、科学，既包括对学生知识掌握程度的评价，也包括对学生关键能力和必备品格的评价。评价标准应当与教学目标相一致，以教学目标为依据，以学科核心素养为导向，注重过程性评价和终结性评价相结合。

5. 设计评价任务

教学设计应遵循教、学、评的一致性原则，即在完成教学目标制定后，制定相应的评价任务，以确保评价活动与教学目标保持一致。评价任务是为检测学生的学习目标达成情况而设计的检测项目，它介于学习目标与学习过程之间，是将教学目标转化为学生学习结果的行为反映。有效的评价任务能够及时反馈学生的学习状况，为教师提供调整教学策略的依据，同时也能激励学生积极参与学习过程。

评价任务一般可分为标准化评价任务和表现性评价任务。标准化评价任务有标准答案，指客观的纸笔评价任务，如填空、判断、选择、简答等。表现性评价任务没有标准答案，但有评价量规，分为语言表达性、操作性、动作性评价任务，如手抄报、书面报告、绘制思维导图、问答、对话交流、调查报告、实验操作、演示、角色扮演、体育技能等。这些方式各有特点，根据实际需要，倡导设计多样化的评价任务，并注重过程性评价。

6. 设计教学活动

教学活动是教师将教学设计思想付诸实践的过程，是教师将制定的教学目标、选定的教学内容和教学策略具体实施的过程。教师对教学内容和教学对象的分析是否合理、教学目标的设计是否科学准确、教学方法的选择与组合是否恰当、学生学习方法的指导是否到位、教学媒体的选择和运用是否合理,这些都将在教学过程中得到体现。因此,教学活动的设计是教学设计的重要组成部分。

(1)基于学生实际设计学习情境。

教师在设计教学活动时,必须充分考虑学生的实际情况,包括学生的知识水平、兴趣爱好、生活环境等,根据这些因素设计出符合学生需求的学习情境。这样的情境应当具有高度的现实性、生动性和互动性,能够激发学生的学习兴趣,引导他们主动参与学习过程。

(2)围绕学习情境设计核心问题。

在设计的学习情境中,教师需要设置一些核心问题,这些核心问题应当具有一定的挑战性,能够引发学生的思考和讨论,同时又与教学目标紧密相关。通过这些问题,学生可以更好地理解和掌握所学知识,同时也能培养思考和解决问题的能力。

(3)指向问题解决设计教学活动。

教学活动的设计应当以问题解决为核心,教师需要设计一系列的教学活动来引导学生解决问题,以实现教学目标。这些教学活动可以是小组讨论、案例分析、实践操作等,通过这些活动,学生可以在实际操作中掌握知识和技能,同时也能培养团队合作能力与问题解决能力。

(二)课堂教学实施

1. 教学策略优化

教学策略是实施教学活动的基本依据,教师通过选择灵活多样的教学策略,可以改变学生的学习方式,促进学生主动学习并实现全面发展,同时提高学生的学科核心素养。然而,在教师进行课堂教学时,选择的教学策略一般是预设性的,主要用于指导教学过程。在学生的学习过程中,常常会出现超出预设的新问题,这就需要教师不断调整教学策略以适应学生的变化。因此,教学策略应该具有指示性和灵活性。教师需要学习相关的教育教学理论,理解学生学习的基本方式与过程,了解教学常用的基本策略和基本方法。常见的教学策略见表2-4。

表2-4 常见的教学策略

教学策略	举例	特点
直接教学策略	讲授、演示、解释和指导等	直接教学策略主要关注知识的传递和教授,通常适用于需要传递大量信息的教学内容,如历史、科学、语言等学科的教学
体验式教学策略	实践活动、调查活动、游戏、角色扮演等	体验式教学策略适用于需要学生通过实践来理解和掌握的知识教学内容,如数学、科学、技术等学科的教学
问题解决式教学策略	项目式学习、案例分析、探究学习等	问题解决式教学策略适用于需要学生运用思维能力来理解和掌握的知识教学内容,如数学、科学、社会科学等学科的教学
合作学习策略	小组讨论、分组实验等	合作学习策略适用于需要学生相互交流和理解的知识教学内容,如社会科学、语言、艺术等学科的教学

良好的教学策略应具有特定情况下特定目标的有效教学方法体系。在教学设计中,为了实现教学目标并解决不断生成的新问题,灵活的、适合的教学方法体系显得尤为重要。这就意味着,教学策略应当反映教学实践的多样性,应当随着学生的学习进展而做出调整,灵活应对学生的变化。教师应当熟悉不同的教学策略,以找到最适合特定教学环境和学生需求的方案。只有这样,

才能更好地达到教学效果，促进学生的全面和谐发展。

2. 课堂管理策略优化

课堂管理策略是教师为了完成教学任务，调控人际关系，和谐教学环境，引导学生学习的一系列措施和策略。课堂管理策略旨在建立有效的课堂环境，以最大限度地促进学生的学习。课堂管理策略包括激发动机、制定规则、维持秩序、处理问题行为等，目标是促进学生学习和成长。教师应当积极学习和实践，针对学生实际，优化常用的课堂管理策略。

（1）树立学生主体地位，激发学生学习兴趣。

在教学中，学生是主体，教师的主要任务是引导和激发学生的兴趣。课堂中问题行为的产生大多是由于学生没有充分参与学习过程，教师应当时刻保持对全班学生学习情况的洞察，并通过设计有趣且具有挑战性的课堂活动让学生积极参与到课堂教学活动中来，从而激发学习兴趣，挖掘学习潜能。

（2）共邀师生制定规则，优化课堂教学秩序。

规则是课堂的灵魂，可塑造课堂秩序，确保教学活动的顺利进行。教师和学生应该共同参与规则的制定，以此优化课堂教学秩序。通过师生共同制定规则，课堂教学秩序可以得到优化，从而形成一个积极、和谐的学习氛围。这样的环境将有助于提高学生的学习效果，增强自信心，并培养团队合作、沟通能力。

（3）构建新型师生关系，优化课堂关系管理。

尊重、信任和理解是构建新型师生关系的基石。教师需要尊重学生的个性，理解他们的需求，同时也要鼓励学生表达自己的观点和想法。这样的关系有助于提高学生的学习积极性和主动性，进而提高学习效果。新型师生关系应该是一种更加平等、互动和合作的模式，教师主动了解学生的需求，倾听学生的声音，鼓励学生表达自己的想法和感受，让学生感受到教师的关注和尊重；同时，给予学生更多的自主权和决策权，让学生在探索和尝试中获得成长和进步,感受到被信任。

3. 生成性问题的解决策略

在课堂教学中,教师和学生之间的互动往往会产生一些预设之外的新问题和新情况,即生成性问题。这些生成性问题可能来自学生的疑问、讨论中的突发灵感,也可能来自教师对某个问题的深入思考。生成性问题的出现是教师、学生两大主体充分融入课堂的积极表现,有效解决它们能形成正反馈,促进师生的进一步积极互动。教师应当掌握常用的生成性问题的解决策略。

首先,教师需要转变教育观念,将传统的预设性问题转变为生成性问题。这意味着教师要更加注重学生的主体地位,尊重学生的想法和感受,让他们在解决问题的过程中发挥主动性。教师应当将教学视为一个动态的过程,鼓励学生积极参与,通过互动和交流来生成新的认知。

其次,教师需要关注学生的想法,捕捉生成性问题。在教学过程中,学生的反应和反馈是生成性问题的源泉。教师需要认真倾听学生的声音,关注学生的思考过程和提出的观点,从中发现有价值的点来生成问题。同时,教师也要学会鼓励学生提出问题,培养创新精神和质疑反思能力。

再次,教师需要抓住时机引导,深化生成性问题。当发现有价值的生成性问题时,教师要及时对学生进行引导,帮助学生进一步探究和理解所学知识内容。这需要教师提供必要的支持和资源,帮助学生分析和解决问题。同时,也要鼓励学生进行自我探索和思考,让他们的能力在探索和思考的过程中得到锻炼和提高。当然,教师也要不断提升自己的教学能力和专业素养,以更好地应对生成性问题。

4. 反馈与调整

(1)观察学生反应:教师可以通过观察学生的面部表情、课堂参与程度和回答问题的情况等来了解学生对于教学内容的理解情况，以及他们的学习兴趣和动力。根据这些观察结果，教师可以及时调整教学方法和内容，以更好地满足学生的学习需求。

（2）听取学生意见：教师可以定期组织学生进行课堂反馈，让学生提出自己对于课堂教学的看法和建议。这些反馈可以帮助教师了解学生的实际学习体验和需求，从而对教学方法和内容做出适当调整。

（3）教师间交流分享：教师可以在课后相互交流和分享彼此的教学经验及发现。通过互相倾听和讨论，教师可以共同发现问题和改进教学方法。同时，也可以借鉴他人的成功经验和教学案例，提高自身的教学水平。

（4）教学记录分析：教师可以对自己的教学过程进行记录和分析，包括教学目标的设定、教学资源的使用、学生参与教学的情况等。通过对这些数据的分析，教师可以找到教学中存在的问题和不足之处，并制定相应的改进措施。

（5）教学评估与反思：教师可以通过各种形式的教学评估来了解教学效果和学生的学习成果，以帮助判断教学目标是否达成，并根据评估结果对教学做相应的调整和反思。同时，教师还可以通过观摩其他教师的课堂和在培训活动中不断学习和提升自己的教学能力。

（三）课堂教学评价

课堂教学评价是一个综合性的过程，涵盖对教与学两方面的考量。"教"的评价会在后续的"课堂建设评价与改进"中系统介绍，此处专门介绍对学生学业质量的检测。作业是评价学生学业质量的载体，下面从单元作业的设计与实施的角度介绍课堂教学评价。

高质量的单元作业设计是"双减"背景下作业设计的现实需要，也是核心素养导向下课程实施的必然要求。为了确保作业设计的有效性和针对性，可以从素养导向、作业目标、作业内容、作业类型、作业难度、作业时间等方面展开设计。

1. 素养导向

（1）整体性：作业应该与课堂教学内容紧密相关，构成一个完整的学习体系。建议设计一些综合性的作业，要求学生运用多节课学到的知识解决实际问题，形成并提高对知识的综合运用能力。

（2）递进性：作业难度应该逐步增加，体现学生的认知发展规律。建议设计一些层次性作业，从简单到复杂、从容易到困难，逐步培养学生的素养和能力。

（3）活动性：作业形式可以多样化，注重实践性和操作性。建议设计一些活动性作业，如实验、调查、制作等，让学生通过亲身体验来掌握学到的知识和技能。

（4）渗透性：作业应该关注学生的兴趣和需求，渗透到学生的生活中。建议设计一些情境性作业，将知识与实际情境相结合，引导学生发现问题、解决问题。

（5）多样性：作业类型应该多样化，包括选择题、填空题、简答题、论述题等。建议设计一些不同类型的作业，以适应不同学生的需求和学习风格。

2. 作业目标

在课后作业设计中，首先要明确作业的目标。作业目标应与课堂教学目标相一致，旨在巩固和拓展课堂所学知识，提高学生的学习效果和思维能力。同时，作业目标还应考虑学生的实际情况和认知特点，确保目标的针对性和可行性。

3. 作业内容

（1）基础巩固：针对课堂所学知识，设计基础性的作业，帮助学生巩固基础知识。

（2）拓展延伸：在基础巩固的基础上，设计有一定难度的作业，引导学生拓展所学知识的范围和深度，培养思维能力和创新能力。

（3）实际应用：结合生活实际和学科特点，设计具有实际应用价值的作业。通过解决实际问题，培养学生的实践能力和问题解决能力。

（4）综合实践：组织学生进行综合实践活动，如项目探究、社会调查等。通过综合实践，培养学生的团队协作精神和实践创新能力。

4. 作业类型

（1）知识巩固型作业：该类型的作业主要用于巩固学生在课堂上学习的知识与技能，如选择题、填空题、判断题等。知识巩固型作业可以帮助学生加深对知识内容的理解和记忆。

（2）实践操作型作业：该类型的作业强调学生的实践操作能力，如实验、手工制作、社会实践等。实践操作型作业能够帮助学生将所学理论知识应用于实际操作，培养实践能力和动手能力。

（3）探索研究型作业：该类型的作业鼓励学生进行自主探索和研究，如课题调研、小论文写作、创新项目设计等。探索研究型作业可以培养学生的独立思考能力、创新能力和解决问题的能力。

（4）合作学习型作业：该类型的作业要求学生之间进行合作，共同完成一项任务或解决一个问题，如小组讨论、团队项目合作、角色扮演等。合作学习型作业能够培养学生的团队协作能力、沟通能力和人际交往能力。

（5）个性发展型作业：该类型的作业关注学生的个性化需求和兴趣爱好，如艺术创作、音乐欣赏、体育锻炼等。个性发展型作业能够帮助学生发展自己的特长和兴趣爱好，提升综合素养。

（6）阅读拓展型作业：该类型的作业主要让学生通过阅读相关书籍、文章或资料来拓展知识面和视野，如撰写读后感、故事续写、情境对话等。阅读拓展型作业能够培养学生的阅读理解能力、写作能力，发展批判性思维。

5. 作业难度

（1）层次性：根据学生的学习水平和能力差异，设计不同层次的作业。层次性作业可以满足不同学生的需求，提高学习效果和自信心。

（2）渐进性：遵循由易到难的渐进原则，设计不同难度的作业。渐进性作业可以帮助学生逐步提高思维能力和解决问题的能力。

（3）挑战性：适当设计具有挑战性的作业，激发学生的思维火花和创新意识。挑战性作业可以培养学生的探究精神和创新思维能力。

6. 作业时间

（1）时间规划：合理规划作业时间，既要保证学生有足够的时间完成作业，也要避免过度占用学生的课余时间。

（2）分段完成：对于需要较长时间才能完成的作业或需要阶段性完成的作业，可以分段布置和检查。作业分段完成有助于学生合理安排时间，提高学习效率。

（3）弹性调整：根据学生的学习情况和进度，适时调整作业时间和要求。弹性调整有助于保证学生的学习效果和身心健康发展。

三、课堂建设评价与改进

课堂建设评价是教学工作的重要组成部分,是学校进行教学管理,开展教、学、评活动的主要内容之一。它是依据一定教学理念、教育测量理论和技术,对课堂教学活动的过程和结果进行价值判断的过程,是对教学活动现实或潜在价值做出判断的过程,其结果具有导向、激励、鉴定等功能。

课堂建设评价是课堂建设的重要内容,需要多方面、多途径地收集证据,对教学设计、教学活动、教师素质和教学效果等方面进行客观、准确的价值判断,其目的在于促进学生成长、教师专业发展和提高课堂教学质量。

(一)课堂建设评价的维度

课堂建设评价的维度和标准因学校而异,各学校或教研组应当建立完善的课堂建设评价体系。一般而言,较为全面的课堂建设评价应当包含教学设计评价、教学活动评价、教师素质评价和教学效果评价四个维度。

1. 教学设计评价

(1)教学目标设计评价。

教学目标设计评价指的是根据教学目标的设计要求对制定的教学目标进行评价的过程,以确定教学目标是否科学合理。评价指标包含是否体现学科核心素养,是否具体、可分解、可检测,以及是否考虑到了不同学生的需要和能力差异等。

(2)教学情境设计评价。

教学情境设计评价指的是根据情境的作用和特点对设计的教学情境进行评价的过程。评价指标包括是否包含学科知识、能力因素和情感态度价值观的因素,是否符合学生已有的认知水平和生活经验的学习环境,是否具有真实性、趣味性、启发性等。

(3) 问题设计评价。

问题设计评价指的是根据问题的作用和特点对设计的问题进行评价的过程。评价指标包括问题是否指向学科的核心概念，问题表述是否指向明确，是否有思维含量或探究价值，是否能够有效引导学生理解学科核心概念和原理，是否能够激发学生的好奇心和求知欲，是否有层次、有梯度等。

2. 教学活动评价

教学活动评价指的是对教学过程教师"教"的活动和学生"学"的活动进行全面、客观、公正的评价，以帮助教师改进教学方法、提高教学质量，同时促进学生核心素养的全面发展。因此，教学活动评价的评价指标分为以下两个方面。

(1) 对教师"教"的活动的评价。

对教师"教"的活动的评价指标包括是否围绕着教学目标开展教学，是否应用了多种教学方法和手段，是否能够调动学生的学习兴趣和积极性，是否有学习方法的指导、思维和能力的培养，是否具有互动性、启发性和实践性等。

(2) 对学生"学"的活动的评价。

对学生"学"的活动的评价指标包括是否形式多样、是否有学生的深度参与和充分交流、是否有实践操作的机会、是否有探究学习的空间、是否有自主学习的时间等。

3. 教师素质评价

教师素质是课堂教学质量的关键因素之一，只有具备良好的教师素质，才能确保课堂教学的有效性和学生的学习效果。因此，课堂建设的关键是教师队伍的建设，对教师素质的评价是课堂建设评价的重要组成部分。教师素质评价的评价指标包括是否具备教学所需的技能和知识，是否具有良好的师德和职业修养，是否具有创新精神。

4. 教学效果评价

教学效果是评价课堂教学质量的重要指标之一，反映了教师是否成功地传授了知识和技能，以及学生是否有效地吸收和掌握了这些知识和技能。因此，对教学效果进行评价较为重要，评价指标包括学生是否实现学习目标、是否能够运用所学知识解决实际问题，师生关系是否融洽、交流是否顺畅，学生是否满意教学过程。

（二）课堂建设评价的原则

为了实现对课堂建设全面、准确而客观的评价，我们需要关注证据的客观性、全面性，价值判断的公正性和持续改进的导向性。这些方面是实现评价目标的关键要素，有助于提供准确、公正、有用的反馈和建议，帮助教研组和教师改进教学工作。

1. 客观性原则

课堂建设评价应当遵循客观性原则，避免个人主观因素的干扰。在收集证据时注意准确描述，不使用"非常好""好""一般"等主观性表达词汇，而是利用课堂评价量规、学生调查问卷等工具收集可靠的数据。利用证据进行价值判断时应避免个人感情，基于客观数据和事实进行客观分析，不夸大或缩小问题。

2. 全面性原则

全面性原则是指课堂建设评价应该伴随课堂教学的进行持续开展，保证评价内容覆盖课堂建设的各个方面，尽可能收集各种来源、各种形式的证据，包括但不限于学生的作业、考试成绩、课堂表现、教师反馈、家长反馈等，以便全面了解课堂的实际情况。

3. 多样性原则

多样性原则是保证课堂建设评价客观、全面的基础，可以从评价方式、评价内容等方面分别进行评价。首先，除了利用传统的纸笔测试进行评价，还可以采用项目评估、表现性评价、成长记录袋等多种方式进行评价；其次，教学评价不仅要关注学生的成绩，还应从学生的社交技能、团队合作能力、创新思维、批判性思维等多方面进行评价；最后，课堂建设评价还应设置多样性的评价标准，以适用于对不同学习能力学生的评价。

4. 公正性原则

在做出价值判断时，教师需要确保公正性和合理性，即课堂建设评价的公正性原则。教师应该基于证据进行价值判断，而不是凭个人情感或偏见进行价值判断。同时，价值判断应该基于对所有证据的综合考虑，而不是仅仅基于个别证据。

5. 导向性原则

导向性原则是指评价的最终目的是改进课堂教学，教师在收集和评价证据的过程中，应该关注课堂的问题和不足，提出修改建议，以便更好地满足学生的学习需求和促进学生的全面发展。

（三）课堂建设评价的主体

鼓励教师、家长及学生参与评价，从不同视角收集用于评价的证据，是实现有效评价的重要策略。因此，课堂建设评价必须坚持设置学生、教师、同行等多元化的评价主体。

1. 学生

学生参与教学活动的全过程，对教师的教学态度、师生关系、教学方式方法、教学效果等都有亲身体验和感受，因此，学生对课堂建设评价具有发言权。关于学生对教学内容的掌握情况和学习结果是否实现了教学目标，有了学生主体的参与，评价才更具客观性。因此，课堂建设评价应当听取学生的意见，学生的自我评价能够更客观地反映教学目标实现度。

2. 教师

教师在教学中处于主导地位，教学过程中内容和方法的选择、实施都是由教师主导完成的。教师对教学质量具有决定性作用。教师的自我评价有利于教师进行自我反思、自我改进和自我提高，对提高教师素质、提高教育质量有重要作用。教师的课堂建设评价，主要是围绕教学内容、方法与过程是否有助于教学目标的实现，其实质是教师的自我评价。

3. 同行

同行评价是课堂建设评价的重要补充。同行主要指校内、组内的教师和各级教学专家。教师的自我评价往往容易陷入先入为主的误区，同行最熟悉本学科教学的内容、特点和规律，有同行的参与，可有效避免教师主观认知的偏差。教学专家通常具有丰富的教育教学经验和专业知识，能够对课堂教学进行更为全面和深入的评价。

实现评价主体多元化是课堂建设评价的必然方向，以课程教师为主导、学生为主体、同行专家参与的三位一体的评价模式，能更好地体现评价的真实性和客观性，从而促进教学目标、教学方法、教学内容和教学过程的不断优化，提升教学效果，实现育人目标。总之，课堂建设评价需要综合考虑教师评价、学生评价和同行评价等多个评价维度，以确保评价的全面性和客观性。

（四）课堂建设评价的设计

1. 设计依据

（1）学科思想方法。

学科思想方法是构成学科核心素养的重要成分，包括科学思维、系统思考、实证分析、符号表示、假设演绎、模型构建、价值观等。在课堂教学中牢牢牵住学科思想方法这一主线，对教学研究和教学实践大有裨益。以学科思想方法这条主线作为抓手，有助于明确课堂建设评价的目标和导向。

(2) 新课程标准的要求。

以新课程标准的要求为依据构建课堂建设评价量规，不但能为研究应然状态提供理论基础，还能为找到实然状态和应然状态的差距提供可靠保证。

(3) 专家咨询的结果与反馈。

设计课堂建设评价量规的基本流程：首先初步构建评价量规，其次基于专家咨询意见进行修改，再次检验评价量规信度效度，最后应用评价量规。为了体现课堂建设评价量规构建的科学性和客观性，在评价量规初步构建以后，应针对其中的评价指标选择和标准描述等问题咨询相关领域专家，专家的合理性评价和反馈意见是设计评价量规的重要依据。这样就大大提升了评价量规的客观性与科学性。

2. 评价量规

评价量规是一种结构化、量化的评价工具，可全面评估课堂。通过这种方法，我们可以提高课堂质量，促进教师专业发展，并为学生提供更好的学习体验。这种评价工具的设计需要注意灵活性和可扩展性，以确保其适用于不同的课堂环境和不同的评价主体。基于以上原则，教师使用的评价量规和学生使用的评价量规应有所不同。表2-5为中和中学生物组开发的生物课堂教学评价量规（教师版）。

表2-5 中和中学生物课堂教学评价量规（教师版）

评价指标	指标含义	指标说明	指标达成
教学目标	教学活动主体在具体教学活动中所要达到的预期学习效果，它是教学内容的纲领性要点，是教学活动的指南性指示，是教学效果的评价性标准	单元及课时教学目标应包含教学内容、学生活动、评价标准这三个基本要素； 单元及课时教学目标要体现生物学学科核心素养； 能够根据单元或学习主题教学目标，针对学生实际将其分解到各个课时中； 单元或学习主题教学目标要转化为课时学习目标； 学习目标具体、可分解、可检测，有现场画面感	□□□□□ A B C D E
教学情境	在课堂教学过程中，作用于学生而引起学生积极地学习情感反应的教学环境	情境应包含生物学科知识、能力因素和情感态度价值观的因素； 情境应符合学生已有的认知水平和生活经验的学习环境，贴近学生最近发展区； 情境包含校本课程资源的开发利用，具有可供操作的硬件设施与时空因素； 情境具有真实性、趣味性、启发性、整体性，能拓展问题空间	□□□□□ A B C D E
问题设计	问题是指给定信息和目标之间有某些障碍需要被克服的刺激情境。问题设计应有针对性、层次性、可接受性	针对重点难点提出适当的问题，依据目标与情境设计核心问题与子问题； 子问题群有层次、有梯度，能够兼顾不同层次类型学生的需要，能够引起学生积极参与、深度思维和情感内化； 问题指向明确、有思维含量或探究价值； 问题指向引导学生理解生物学核心概念和原理，或梳理重要的生理过程，或解释相关生命现象，或设计解决问题的思路及方案等； 问题能够激发学生的好奇心和求知欲，高效实现生物学学科核心素养的目标	□□□□□ A B C D E

续表

评价指标	指标含义	指标说明	指标达成
教学活动	教师对师生在教学过程中运用的形式与策略的设计，要求选择的学生活动科学、有效	教学活动需要围绕教学目标进行设计，教师通过教学活动引领达成教学目标； 教学活动要求目标明确、指令清晰、形式多样，能够实现学生动手、动口、动脑，要有思维深度； 学生亲历提出问题、获取信息、寻找证据、检验假设、发现规律等过程的活动，活动之间逻辑清晰，时间分配得当； 能够提供明确清晰的、情境化的挑战性任务以及探究性学习活动，对学生学习有方法指导的意义； 学生能够开展适当的自主学习活动（如独立思考、表达陈述、动手实验），构建个性化的有意义的学习经历	□□□□□ A B C D E
课堂评价	运用标准，选择恰当的方法和手段，通过系统地收集、整理、分析相关信息和资料，对课堂教学进行全面考查和价值判断	能够实现教、学、评的一致性； 能够依托生物学大概念、重要概念等主干知识，检测核心素养的发展水平； 针对评价目标、内容、对象、现场等实际情况，采取自评和互评、小组评和教师评的多元评价方式； 评价方法多样化，如课堂行为观察、练习测验、提问应答情况等； 倡导以鼓励为主的正向评价导向，激发学生学习内驱力	□□□□□ A B C D E

注：A、B、C、D、E 分别对应优秀、良好、中等、合格、不合格五个等级。

（五）课堂建设评价的实施

1. 评价量规的使用

科学的操作程序是有效使用评价量规的保障，使用评价量规进行课堂建设评价可按照如下程序进行：

(1) 课前熟悉评价量规。

在开始课堂教学之前,教师和学生都应该熟悉评价量规的内容和目的。这样可以帮助师生明确评价目标和标准,以便更好地进行教学和评价。

(2) 课中客观使用评价量规。

在课堂教学过程中,教师和学生应该根据评价量规的要求,客观地记录彼此的表现及成绩。这样可以确保评价的公正性和客观性,同时也可以帮助师生及时发现问题和改进教学方法。

(3) 课后及时反馈。

课堂教学结束后,教师需要及时对评价量规进行统计和分析,给出客观、公正、准确的反馈。反馈应该包括学生的优点和不足,以及改进的建议和措施。这样可以帮助学生了解自己的优点和不足,同时也可以帮助教师改进教学方法和评价方式。

(4) 定期回顾和调整。

除及时反馈外,教师还应定期回顾评价量规的使用情况,并根据反馈结果进行调整和改进。这样可以确保评价量规的科学性和有效性,同时也可以帮助师生更好地了解教学的实际情况。

2. 教研组观课、评课策略

教研组观课、评课是教研组课堂建设最重要的举措之一。教研组观课、评课需要团队成员之间的互助合作,以学生为中心,秉持直面问题和平等对话的态度。通过这些策略的实施,教学质量和效果可以得到提高,教师的专业发展可以得到促进。

(1) 同伴互助。

教研组内的观课、评课活动需要团队成员之间的互助合作。大家应该互相学习、互相帮助,共同提高教学水平。通过观察他人的教学过程,反思自己的教学方法和策略,找到改进和提高的方法。

（2）以学定教。

在教学过程中，教师应以学生为中心，根据学生的学习情况来确定教学方法和策略。通过观察学生的反应，了解学生的学习需求和能力水平，制订相应的教学计划和方案，确保教学效果最大化。

（3）直面问题。

在教研组观课、评课的过程中，应该直面问题，及时发现和解决问题。教师需要关注学生的学习难点和困惑，分析原因并寻找解决方案。同时，教师也应该关注自己的教学方法和策略是否符合学生的实际情况，以做适当调整和改进。

（4）平等对话。

在教研组观课、评课的过程中，应该保持平等对话的态度。大家应该以客观、中立的态度评价教学过程，同时尊重和包容不同的观点和方法。通过交流和讨论，达成共识，促进教学水平的提高。

（六）课堂建设评价的结果分析

1. 基于评价量规的自我反思

课堂建设评价量规的使用能指导课堂建设，将课堂建设情况进行等级评价，并在反复应用的过程中收集教师和学生的反馈，适当调整课堂，以期达到恰当的评价效果。但在实际操作过程中，仍然存在以下问题：

（1）部分学校过度重视考试分数。

近些年，一些学校过度重视考试分数，以升学人数或升学率来评价学校的教育教学质量，并以此作为对教师教学、学生学习的主要评价依据，进一步助推"唯分数论"的错误做法。

（2）忽视学生能力的培养。

能力是指一个人在特定领域中表现出来的技能和知识，对于一个人的成长有着非常重要的作用。当前部分学校的课堂建设评价体系滞后，并未全面贯彻落实"五育并举，全面发展"的要求，忽视了学生其他能力的发展。

（3）课堂建设评价数据失真。

课堂建设评价的重点是以评价为课堂导向，从而促进学生的全面发展。但现在的课堂建设评价往往存在三方面的问题：一是评价的主体问题。很多学校仍然是单一的教师评价，不能反映学生的真实诉求。二是评价的信度问题。评价者的工作量没有保证，评价失信。三是评价的效度问题。课堂建设评价还没有与对教师的有效评价真正挂钩。因此，并不能真实地反映课堂的真实状况。

2. 核心素养下课堂建设评价有效性策略分析

（1）细化评价理念。

本着教育理念的变革与创新，课堂建设评价理念也应该有所转变。在核心素养的导向下，课堂建设评价应该从以知识为本转变为以素养为本，要能够驱动引领学生达成学科核心素养的全面培育及发展的目标。

（2）丰富评价标准。

以往的课堂建设评价体系比较单一，在核心素养的视角下，教师在实施课堂建设评价时，应该细化评价标准，建构较为完善且丰富的评价体系，促进学生的全面、均衡发展。所以建构课堂建设评价标准不能采取"一刀切"的模式，要充分考虑学生之间存在的个体化差异。遵循"因材施教"原则，从本质上着手，丰富并优化课堂建设评价的方式，借此来实现学生的科学、合理发展。

（3）科学制定评价内容。

在核心素养的导向下，应该科学合理地制定课堂建设评价内容，保证整个评价内容能够体现学生综合能力的生成过程。因此在制定课堂建设评价内容时,应该以科学、有序的方式去审视和开展。从综合素养、创新能力、课堂表现、学习态度等多个方面着手,这样的课堂建设评价才更加具有针对性,才能为实现高效的课堂教学提供有力的支撑与保障。

四、课堂建设案例

【案例1】

于"矛盾"处见"至情"
——《记念刘和珍君》《为了忘却的记念》联读教学设计

一、教材分析及教学思路

《记念刘和珍君》和《为了忘却的记念》选自部编版高中语文选择性必修中册第2单元"中国革命传统作品研习"。本单元聚焦"苦难与新生"学习任务群,突出地反映了一大批革命志士不畏强权、不惧牺牲、不懈奋斗的高尚品格,具有深厚的精神内涵,传递出强大的精神力量。

《记念刘和珍君》和《为了忘却的记念》都是鲁迅为痛悼与反动势力做斗争而英勇牺牲的中国青年所作的"至情"之文。通过比较阅读可知,两文在语言上均存在多处"矛盾"。而这些"矛盾",既是学生普遍感到难以理解的"症结",又恰好是领会鲁迅先生在字里行间所寄寓的情感的关键。因此,本课的教学思路是基于真实的学习情境,以文中出现的"矛盾"语言为切入点,通过以"初读感知""深读品味""展读提升"为核心的语文三阶思维阅读法,引导学生由粗到细、由细至深地品味文本的"至情",由此提升学生的语文学科核心素养。

二、教学目标

基于《普通高中语文课程标准(2017年版2020年修订)》所提出的课程内容设置、学习任务群要求和学业质量标准,并围绕培养和提升学生语文学科核心素养的要求，结合学生具体的学习实情，制定如下教学目标：

（1）聚焦文本中的"矛盾"语言，精读、深读相关语句，理解与品味鲁迅在字里行间表达的至深之情，培养学生的语言表达交流和审美鉴赏能力，增强学生对中国革命文化、革命精神的理解与认同。

（2）拓展阅读资料，并在对比中深入探究鲁迅作品中大量出现"矛盾"语言的原因和效果，促进学生思维品质的发展与提升。

三、教学过程

（一）真实情境导入：初读感知，直面学生的阅读困惑

困惑时常容易成为学生阅读的终点，但实际上，它却是学生深入理解文本的开始。通过初步阅读，学生在文本解读方面产生了许多困惑。他们普遍关注到了《记念刘和珍君》和《为了忘却的记念》在语言上都有非常突出的"矛盾"的特点，既有反复出现的"矛盾"语句，也有个别的"矛盾"语句。由此，笔者要求学生整合梳理文中反复出现的"矛盾"语句，并进行提炼概括，完成表2—6。

表2—6 《记念刘和珍君》和《为了忘却的记念》中的"矛盾"语句

类别	"矛盾"语句
《记念刘和珍君》	
《为了忘却的记念》	

两篇文章反复出现的"矛盾"，概括出来呈现为"说"（写）和"说不出"与"忘却"和"记念"。聚焦这些语句，学生又产生了一系列新的疑惑。鲁迅想以"矛盾"的语言表达什么情感？为何要采用这种写法？有什么艺术效果？这就生成了一条清晰的问题链。

设计意图：情境导入环节以学生在阅读实际中遇到的困惑作为教学出发点，使之成为促进学生思考、探究并最终解决问题的源生动力，并由一个个问题驱动学生深读文本、伸展阅读的思维触角，构建出环环相扣的问题链，从而将学生的阅读和思维逐步引向深处。

（二）学习任务一：深读"矛盾"，品味"至情"

孙绍振先生曾谈道，鲁迅的丰富就在于，思绪总是处于矛盾之中。① 这种"矛盾"表达是复杂而深沉的，值得我们精读、细品，反复咀嚼。

在深读时，笔者要求学生以小组的形式进行合作探究，联系具体的时代背景，结合文本的语境，剖析每一处"说"（写）和"说不出"与"忘却"和"记念"的原因，深味其中蕴含的情感，共同完成表2-7和表2-8。

表2-7 "说"（写）和"说不出"的原因及情感剖析表

类别	段落	原因剖析	蕴含的情感
"说"（写）			
"说不出"			

---

① 孙绍振：《杂文式抒情：在曲折的逻辑中深化——读〈记念刘和珍君〉》，载于《语文建设》，2010年第3期，第51~54页。

表 2-8 "忘却"和"记念"的原因及情感剖析表

类别	原因剖析	蕴含的情感
"忘却"		
"记念"		

设计意图：面对这一学习任务，学生需要回归文本内部，先上下勾连，发掘"说"（写）和"说不出"与"忘却"和"记念"分别针对哪些人和事而言，再左右寻觅，联系时代背景深入剖析原因。在《记念刘和珍君》中，鲁迅的情感态度因不同对象而发生变化，时而振聋发聩，时而发人深省，在迸发中压抑、在压抑中迸发，是理性和激情的曲折交融。在《为了忘却的记念》一文中，鲁迅开篇便扬言要"忘却"，是要"忘却""悲哀"，因为一味地"悲哀"毫无用处，它无法挽救已逝的战友，无法感化罪恶的敌人，反有可能助长敌人的威风，影响革命者的战斗情绪。而"记念"则是要激励革命者更好地前行，深切地表达"中国失掉了很好的青年"的哀痛和激愤之情。学生在细读、深思中，渐渐品味到了这些看似前后矛盾的语言背后所蕴藏着的深沉而复杂的情感。如此一来，学生的文本解读能力和审美鉴赏能力得到了极大的锻炼，思想和心灵也获得了革命文化和革命精神的浸润。

（三）学习任务二：展读提升，挖掘"矛盾"表达之因

可是，鲁迅为何不直言而反以曲笔的形式抒情呢？教师又引导学生将鲁迅的《记念刘和珍君》和周作人的《关于三月十八日的死者》做比较，尝试从中找到突破口。

资料 1：我们对于死者的感想第一件自然是哀悼。对于无论什么死者我们都应当如此，何况是无辜被戕的青年男女，有的还是我们所教过的学生。我的哀感普通是从这三点出来，熟识与否还在其外，即一是死者之惨苦与恐怖，二是未完成的生活之破坏，三是遗族之哀痛与损失。（《关于三月十八日的死者》）

此外,《记念刘和珍君》和《为了忘却的记念》也有值得对比的地方。教师再引导学生思考,二者在写作心境和语言表达上有诸多相似之处,但为何后者的哀与痛、激与愤却不似前者那样显豁恣肆?

设计意图:在展读中,学生仍旧要回归文本关注细节,借助教师搭建的学习支架,经过层层对比,才能真正领悟鲁迅运用"矛盾"表达的原因:这既是自身情感宣泄的迫切需要,又是其思想复杂的深刻体现,还是受制时代环境的无奈之举。这就加深了学生对鲁迅"矛盾"创造的认知,也发展了学生的比较思维、关联思维和症候解读思维。

(四)学习任务三:综合探究,领会"矛盾"表达之妙

其实,鲁迅在写作中常用这种奇妙的"矛盾"笔法抒情表意。如果不去深入品析"矛盾"表达的妙处,就难以透彻地领会其作品具有的精深思想和精湛艺术。于是,笔者进一步拓展延伸,呈现了鲁迅在众多作品中惯于运用的"矛盾"笔法。如小说《孔乙己》,又如同样记录三一八惨案的杂文《淡淡的血痕中》《一觉》。

资料2:我到现在终于没有见——大约孔乙己的确死了。(《孔乙己》)

资料3:淡淡的血痕中——记念几个死者和生者和未生者。(《淡淡的血痕中》)

资料4:我愿意在无形无色的鲜血淋漓的粗暴上接吻。(《一觉》)

"大约……的确""记念……未生者""无形无色的鲜血淋漓",这显然都是颇悖常理的说法。可见,"矛盾"表达在鲁迅的创作中并非一种偶然的语言现象。那么,这种写法究竟有何妙处?学生带着这个问题进行深入思考。

设计意图:通过揣摩、品味本课内外的"矛盾"语句,学生

普遍感到"矛盾"表达有利于强化抒情，让抒情变得更加浓烈、深沉。同时，"矛盾"表达还加深了思想意蕴的深度，需要人们深刻洞察和体悟。因而，"矛盾"语言极具表现力，显示出常规语法和逻辑无法达到的特殊魅力。在此过程中，学生既从整体上认知了鲁迅作品中的"矛盾"表达，又能以此为基点实现文本解读能力的迁移和转化，基本掌握了运用语文学科中症候解读思维解决典型问题的方法。

（五）布置作业

"矛盾"的表达将我们带入了一个高阶的思维境界。我们要继续深化理解"矛盾"表达，并学会运用"矛盾"的语言表达复杂的情感。

1. 两篇文章中的"我"除了在语言上呈现出"矛盾"的特点，在行为上也有"矛盾"之处。请你发掘 1~2 处做深入探究，写一则 500 字左右的文学短评。

2. 面对刘和珍、柔石和白莽等革命烈士的牺牲，鲁迅采用了"矛盾"的语言表达了他的至深之情。请你也尝试运用"矛盾"语言，为在中国革命进程中牺牲的英烈写 1~2 句话，表达你的思考和情感。

四、教学反思

《记念刘和珍君》与《为了忘却的记念》是鲁迅作品中颇为著名的纪念性散文。笔者以为，教学此类经典文本不能止步于文本内容的理解，而要以文本解读为抓手，向内深入挖掘，向外拓展延伸，让学生建立起系统全面的认知体系，做到知其一，也知其二，更知其所以然。通过语文三阶思维阅读和综合探究等活动，学生可以在一个真实的学习情境中开启探索之旅，认识鲁迅在《记念刘和珍君》与《为了忘却的记念》中借"矛盾"笔法抒发的"至情"和原因，了解鲁迅在其他作品也惯于采用"矛盾"的语言，进而发掘出这种"矛盾"的艺术创造正是鲁迅文章的深刻性和艺术性所在。

事实上，鲁迅作品中的"矛盾"表达是对读者的语言表达、审美鉴赏和思维惰性的强烈冲击，它促使我们主动地关注这些有悖于常理的语言现象，并要求我们做出合理的注脚。因此，探究鲁迅这两篇文章中的"矛盾"之处，可以让学生充分领悟鲁迅笔下那曲折深沉的美学，也可以令学生得到创新的美感和精神的启迪。

（梁雪莲　四川省成都市中和中学）

【案例2】

勾股定理的图形验证教学设计

一、教材与学情分析

勾股定理从边的角度全面地刻画了特殊三角形——直角三角形的特征，揭示了直角三角形三边之间的数量关系。整章内容在学生学习几何论证和逻辑推理方面起到了非常关键的作用。其渗透了数形结合以及从特殊到一般的数学思想，有利于学生在几何和代数之间找到衔接。勾股定理的图形验证这节课突出了面积法验证勾股定理，有利于发展学生的发散思维，学会采用割补及拼图方法去解决问题，提升学生的数形结合意识和观察动手能力。

北师大版数学八年级上册的第一章"勾股定理"包括三节内容：第一节是探索勾股定理，第二节是勾股定理的逆定理，第三节是勾股定理的应用。在第一节探索勾股定理中，教材通过实际生活中竖立电线杆拉钢索的问题进行引入，再通过方格纸的直角三角形三边作出的正方形进行勾股定理的探索和验证，得到勾股定理的内容。第一节探索勾股定理的第2课时，即勾股定理的图形验证这节课，通过几种常见的图形验证勾股定理，帮助学生更好地认识勾股定理，从而为应用勾股定理解决实际问题打下基础。

学生已经学习了整式的加、减、乘、除运算和等式的基本性质，并能进行简单的恒等变形；在探索勾股定理的第 1 课时中又已经通过测量和数格子的方法，对具体的直角三角形进行探索并发现了勾股定理，但没有对一般的直角三角形进行验证。学生在以前数学学习中已经经历了很多独立探究和合作学习的过程，具有了一定的自主探究和合作学习的经验，具备了一定的探究以及合作与交流的能力。

二、教学目标

基于课程标准的内容要求、学业要求及学业质量标准，围绕培养学生核心素养的要求，制定如下教学目标：

（1）了解勾股定理的历史由来，了解现有的 400 多种证明方法；了解赵爽弦图、青朱出入图以及达·芬奇和毕达哥拉斯等的证明方法。

（2）在探索勾股定理的第 1 课时对具体的直角三角形进行探索发现了勾股定理的基础上，经历勾股定理的验证过程，体会数形结合和算两次的数学思想；能够用等面积法验证勾股定理。

（3）在勾股定理的验证活动中，培养探究能力；通过对勾股定理历史的了解，感受数学文化，增强爱国情感。

三、教学过程

（一）创设情境，激发热情

2002 年世界数学家大会在我国北京召开，该届数学家大会会标的中央图案称为赵爽弦图。1800 多年前，中国古代数学家赵爽利用该弦图来验证勾股定理。

设计意图：展示 2002 年世界数学家大会的会标，介绍会标上的图案，引入勾股定理的验证问题。

（二）复习回顾，导入新课

回忆探索勾股定理（第 1 课时）中的内容，提问：

(1) 我们在方格纸中任意作的一个顶点在格点上的直角三角形，都能验证两直角边的平方和等于斜边的平方，但我们能不能说，对所有的直角三角形，三边都满足这样的关系？

(2) 如果我们把方格纸去掉，会对直角三角形三边所满足的关系，即勾股定理的证明有实质的影响吗？

设计意图：探索勾股定理（第1课时）中是从特殊到一般的归纳推理，因为方格纸具有特殊性，实验归纳得到的结论可能是正确的，也可能是错误的。想要获得一般性的结论，需要在一般的平面上对一般的直角三角形进行证明。

（三）合作学习，探索新知

学习活动一：

为了计算如图 2-9 中大正方形的面积，小明对这个大正方形做适当割补后，得到如图 2-10、图 2-11 所示的图形。

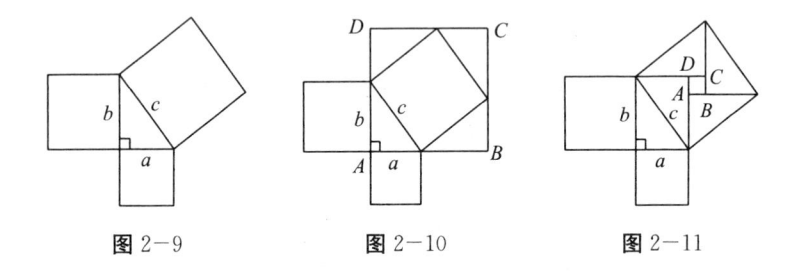

图 2-9　　　　图 2-10　　　　图 2-11

(1) 将图 2-10、图 2-11 中所有三角形和正方形的面积用 a，b，c 的关系式表示出来；

(2) 图 2-10、图 2-11 中正方形 $ABCD$ 的面积分别是多少？你们有哪些表示方式？与同伴进行交流。

图 2-10 的表达方式一：＿＿＿＿＿＿＿＿＿＿；表达方式二：＿＿＿＿＿＿＿＿＿＿。

图 2-11 的表达方式一：＿＿＿＿＿＿＿＿＿＿；表达方式二：＿＿＿＿＿＿＿＿＿＿。

(3) 你能分别利用图 2-10、图 2-11 验证勾股定理吗？

设计意图：用探索勾股定理（第 1 课时）中的图形（见图 2-9）验证勾股定理。探索勾股定理（第 1 课时）中学生学会了在方格纸中用割补法计算面积，此处没有了方格纸，但仍然可以利用割补法求面积。经过交流，学生一般能表示出图中正方形 ABCD 的面积，而且一定会出现不同的算法。对于同一个对象出现两种以上的结果，它们自然应相等，这就得到一个等式，化简即可得到勾股定理。

学习活动二：

如图 2-12 所示，用伽菲尔德的方法验证勾股定理。你有哪些方法表示图中梯形的面积？说一说这个方法和学习活动一中的探索方法的联系。

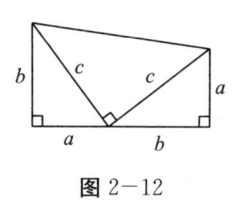

图 2-12

设计意图：这个问题取自教材习题中的数学理解。在学习活动一的基础上，提出了一种新的验证勾股定理的方法。这个方法和学习活动一中探索的方法思路一样，都是构造一个图形（见图 2-12），利用两种方法计算该图形面积，从而获得直角三角形三个边长之间的一个等式。此外，本问题的整个图形恰为图 2-10 中正方形 ABCD 的一半。设计该问题正是希望学生能关注知识、方法之间的内在联系，建立对知识、方法的自主反思意识，渗透一定的学法指导，形成对有关内容的整体认知。

（四）归纳总结，提升认识

算两次的思想方法：数学中，常对同一个量用两种不同的方法计算，从而建立相等关系，我们把这一思想称为"算两次"，也称富比尼定理。

本节课中，我们利用两种方法计算同一个图形的面积，从而获得直角三角形三个边长之间的一个等式。这就体现了"算两次"的思想。

设计意图：归纳总结数学思想方法及其在本节课中的应用。通过对用图形验证勾股定理的方法的归纳概括，提升学生对这类验证方法的认识，进而融会贯通，将已学知识迁移到其他问题中，以期能举一反三，触类旁通。

（五）牛刀小试，发展素养

例题：对于勾股定理，中国科学院院士张景中提出了一种证明方法。如图 2-13 所示，Rt△ABC 中，$BC=a$，$AC=b$，$AB=c$，点 D 在 BC 的延长线上，点 E 在线段 AC 上，且 $CD=CA$，$CE=CB$，连接 DE。

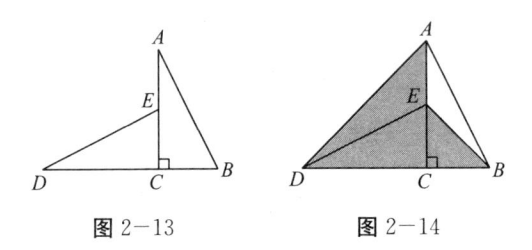

图 2-13　　图 2-14

（1）证明：$DE \perp AB$。

（2）如图 2-14 所示，连接 AD，BE，试用两种方法表示图中阴影部分的面积。

（3）你能用该图形验证勾股定理吗？

设计意图：通过例题巩固所学知识，在将所学知识和思想方法应用到未知问题的过程中，培养学生分析问题、解决问题的能力。同时，本题也是勾股定理的另一种验证方法。

（六）无字证明，精妙绝伦

勾股定理是人类最伟大的十个科学发现之一，它的证明方法已有400多种，其中有一类方法尤为独特，单靠移动几个图形就能直观地证出勾股定理，被誉为"无字证明"。接下来让我们欣赏几种勾股定理证明方法。

播放微视频：毕达哥拉斯的证明、达·芬奇的证明、青朱出入图。

设计意图：介绍中外古代人民对勾股定理的研究，特别介绍了勾股定理的无字证明，让学生从另一个角度感受勾股定理的证明思路，既反映了勾股定理的悠久历史、重要意义以及古代人民的聪明才智，同时也希望学生动手参与相关操作活动，激发学习兴趣。

（七）布置作业，自我提升

（1）查阅资料，找一找其他一些有趣的勾股定理验证方法。

（2）认真完成课后练习。

设计意图：作业（1）为开放性作业。本节课中学生欣赏并用多种方法验证了勾股定理，想必对其他的诸多验证方法也饶有兴趣。作业（1）要求学生课下自主找寻勾股定理的其他验证方法，这对于学生的文献检索能力以及发散性思维的培养都大有裨益。作业（2）的课后练习分基础达标题、能力提升题和拓展延伸题，充分体现了因材施教的教学原则，而且考虑了不同学生的需求，为学生尽情展示自己的数学才能提供了平台。

四、教学反思

勾股定理的验证是本节课的重点，同时也是本节课的难点。在验证勾股定理时，应先让学生从形上感知，通过问题串形式，促进学生思维向纵深发展，最后通过学生的独立探究突破难点。

对于整式乘法及整式乘法公式等先行知识要及时帮助学生回顾，有少数学生在运用整式乘法公式时容易出错，使用完全平方公式 $(a+b)^2 = a^2 + 2ab + b^2$ 与 $(a-b)^2 = a^2 - 2ab + b^2$ 时出现了符号使用有误等错误，导致验证不成功。对北师大版数学七年级下册第一章"整式的乘除"的复习与回顾,将勾股定理的验证与完全平方公式联系起来,达到预期的教学效果。

(徐蕴耀　四川省成都市中和中学)

【案例3】

实验探究压强对平衡移动的影响教学设计

一、教材分析及设计思路

"压强对化学平衡的影响"是2019年人教版化学选择性必修1第2章第2节的知识内容,隶属于新课标模块1"化学反应原理"单元,旨在让学生认识到化学反应是有历程的,并在实验活动中形成变量控制的实验思想,发展演绎推理、系统假设的思维能力,形成变化观念与平衡思想的重要核心素养。本课知识内容从实验设计出发,通过方案的探讨、分析、对比、质疑、观摩、实施、探究、总结等,得出正确结论。高二学生通过前期对平衡基本概念的学习,已经具有一定的逻辑推理能力和分析思维能力,对化学实验探究不仅仅满足于丰富的视觉体验,而是更加注重对原理的剖析和装置的创新。

实验是化学的基础,教师应组织、运用好各种实验,发挥实验对学生认知、情感、意志、行为以及态度、方法等的激励和引导作用,使实验引导和启迪思维相统一。因此,本课的教学设计思路是通过引发问题、萌发方案、启发探究、掘发素养四个教学环节,帮助学生直观认识压强对平衡移动的影响;通过对实验装置的质疑讨论、创新改进,培养学生严谨、缜密的逻辑思维,锐意创新的探究精神,节约、环保的社会责任感。

二、教学目标

依据课程标准并围绕培养学生核心素养的要求,制定如下教学目标:

(1) 通过观察移液管液面的变化，推断出压强改变对于平衡移动的影响，掌握勒夏特列原理的变化规律。

(2) 通过分析实验装置的优点与不足，探讨实验方案的巧妙设计思路，促进化学学科思维和探究能力的发展。

(3) 通过对改进装置的探究学习，提升实验创新意识，感悟变化观念与平衡思想。

三、教学过程

（一）引发问题

教师提问：通过铁离子与硫氰根离子的反应现象，已探讨出浓度改变对平衡移动的影响，那么压强改变时，平衡将如何移动？学生结合压强与气体浓度的关系，猜测移动方向和浓度是一致的。接着，教师提供反应资料：在二氧化氮气体中存在生成四氧化二氮的平衡，反应原理如下：$2NO_2(g) \rightleftharpoons N_2O_4(g)$。已知常温下四氧化二氮为无色气体，二氧化氮为红棕色气体，有毒性。请同学们利用该反应设计实验，探究压强对平衡移动的影响。

设计意图：以浓度改变对平衡移动的影响引入新课，起到承上启下的作用。以真实问题情境切入本节课的重点，引出本节课需探究的核心问题，以有效开展教学。

（二）萌发方案

教师组织学生以小组为单位，讨论实验原理，画出实验装置，介绍实验方案。

第1组实验方案：实验前先利用铜和浓硝酸的反应获得并收集二氧化氮于一支试管中，用活塞塞住试管，再把活塞往里推进，观察实验过程中试管内气体的颜色变化。第1组绘制的实验方案图如图2-15所示。

充有NO₂的试管

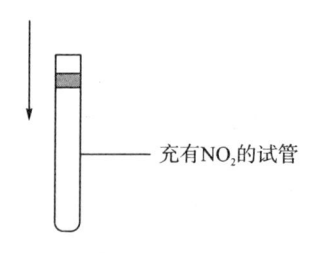

图 2-15　第 1 组绘制的实验方案图

教师投影展示第 1 组实验方案图，并引导学生从实验的安全性、操作性方面对该方案进行评价。学生结合教师提示和操作常识认为，该方案缺乏安全考虑。活塞往里推进时若操作不当易导致试管破裂，有毒气体会溢出，不符合绿色化学理念。

第 2 组实验方案：实验先通过铜和浓硝酸的反应获得并收集二氧化氮于一支注射器中，去掉注射器的针头，用橡皮管连接一支同等规格的注射器（充满空气），将空气推进二氧化氮中，以增大压强，然后观察颜色变化。第 2 组绘制的实验方案图如图 2-16 所示。

充有空气的注射器　　　　充有NO₂的注射器

图 2-16　第 2 组绘制的实验方案图

教师投影展示第 2 组实验方案图，并引导学生从操作性、对比性方面对该方案进行评价。学生结合教师的提示和两组方案的区别认为，第 2 组实验方案虽然除去了安全隐患，但缺少颜色对比，只凭借单一的颜色变化不能得出正确结论。

第 3 组实验方案：实验先通过铜和浓硝酸的反应获得并分别收集二氧化氮于两支试管中，塞上橡皮塞，再通过注射器针孔向其中一支试管内注入空气以增大压强。通过两支试管内的颜色变化即可判断平衡的移动方向（见图 2-17）。

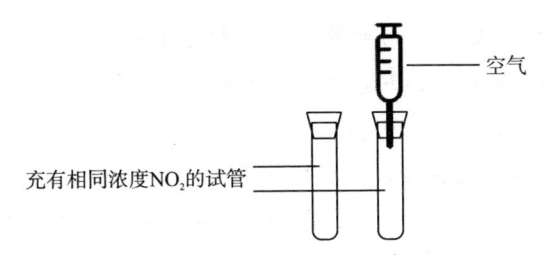

第二章 教研组课程建设、课题建设及课堂建设 | 113

空气 ———

充有相同浓度NO₂的试管 ———

图 2-17　第 3 组绘制的实验方案图

教师投影展示第 3 组实验方案图，并引导学生从实验改进、现象对比、控制变量等方面对该方案进行评价。学生结合教师提示和与其他两组实验方案的对比，认为第 3 组实验方案虽然设置了对照组，但注入空气后，试管内气体总的物质的量增大了，变量没有得到控制。而且气压增大可能导致橡皮塞冲出，毒气溢出，无法保证实验安全性和环保性。

通过三组实验方案的展示与评价，教师对学生勇于打开思维、积极思考的态度进行了赞许，并要求学生汇总讨论点评的结果，总结优秀的实验方案应具备的特征。学生进行分组讨论后，得出实验方案的设计既要能实现气压的增大操作，又要能呈现明显的对比现象，还要兼顾环保易操作的特点。

设计意图：通过小组合作交流、问题探讨、质疑评价、对比归纳等教学方法，概括出实验方案的基本模型，凝练出需要考虑的因素，构建学生的实验设计思维模型，培养学生的创新意识和敢于质疑的化学学科核心素养。再通过小组展示交流活动，提升学生的语言表达能力。

（三）启发探究

1. 阅读教材实验，反思不足之处

教师结合对上述实验设计的总结，展现出教材的实验方案，再播放实验视频，让学生评价教材实验的优点与不足。教材实验方案的优点是装置密闭，操作简单，通过推动注射器活塞即可改变压强，但不足之处为颜色深浅转化不易观察。于是，教师追问：平衡的移动一定要通过颜色的深浅体现吗？此时，教师鼓励学生从转换的角度打开思路。

2. 分析改进实验，梳理操作步骤

教师展示出改进后的探究压强影响平衡移动的实验装置，并做简单介绍。改进装置如图 2-18 所示。两支 5mL 的移液管和一支 30mL 的注射器下端都通过三孔橡皮塞插入锥形瓶，注射器活塞提前拉到最上方，便于实验过程中向下推动；移液管上方分别套有用止水夹夹住的橡皮管，以保证装置密封。实验前在锥形瓶内加入食用油至没过移液管下端，向一支移液管中注入二氧化氮，另一支移液管内是空气，再用止水夹密封好。希望学生结合先前讨论，思考该装置的实验原理是什么？

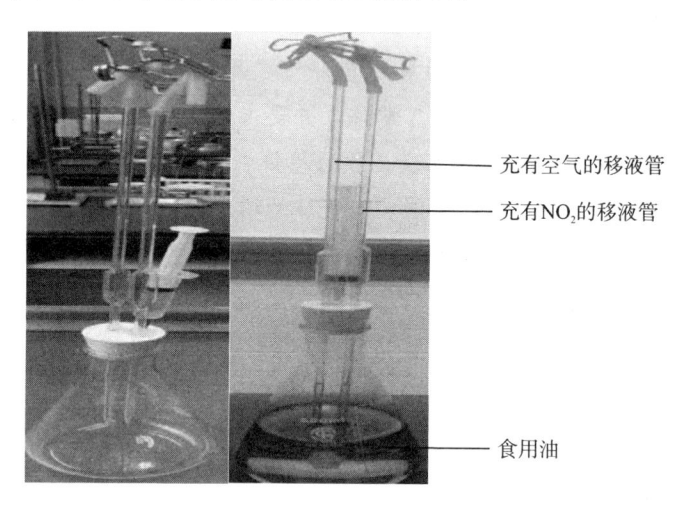

充有空气的移液管
充有 NO_2 的移液管
食用油

图 2-18 改进装置

学生结合教师提示，得出实验原理：当向下推动注射器活塞时，因为空气、二氧化氮、四氧化二氮不溶于食用油，使得移液管内压强增大。二氧化氮气体存在如下平衡：$2NO_2(g) \rightleftharpoons N_2O_4(g)$，当其他条件不变，增大压强，两支移液管内液面上升,但充有空气的移液管中气体分子总的物质的量不会改变,如果充二氧化氮的一端液面更高,说明压强增大,平衡会正向移动。

教师追问：实验开始前,还需做什么？教师引导学生回顾带有注射器的实验装置的气密性检查,并请学生准确描述:用止水夹夹住橡皮管,向下推动注射器,松手后,注射器恢复到原位置。然后,教师通过视频展示实验前期准备工作。具体步骤如下:检验装置气密性→制备二氧化氮→将食用油加入锥形瓶→转移二氧化氮至移液管→调节油面至相同高度。

3. 完成实验探究,得出实验结论

学生向下推动注射器活塞,观察实验现象并做好记录(见图2—19)。教师请学生准确描述现象,得出实验结论:两边液面都上升,充有二氧化氮的那边液面上升更高,这说明气体受到压缩,压强增大,所以液面都上升;但充有二氧化氮的一端存在平衡：$2NO_2(g) \rightleftharpoons N_2O_4(g)$,压强增大,平衡正向移动,气压又减小一部分,所以液面上升更高。教师补充:改变压强,平衡便向削弱这种改变的方向移动,这与浓度影响平衡的结果是一致的。

图 2—19　实验结果

设计意图：教师通过引导学生评价教材实验的不足，让学生体会改进实验的原理，巩固上一环节对实验方案的设计，加强对学生辩证思维能力的培养。通过学生独立操作实验、记录现象、得出结论，培养学生的实验探究能力。通过学习压强对平衡移动的影响，发展学生变化观念与平衡思想的学科核心素养。

4. 掘发素养

教师提问：你们认为这套实验改进装置有哪些创新之处？先让学生积极讨论、踊跃发言、小组汇总，最后由教师做总结。该实验的创新之处：①化抽象理论为直观现象。实验以空气为参照物，以油层为辅助线，将看不见的气压变为看得见的液面差，直观清晰的现象更易于获得结论。②将复杂工作简洁化。本实验不需要提前控制两支注射器内的气体浓度相等或颜色一致，减少了前期准备的麻烦。③原料易得，操作方便。所有仪器药品皆为中学实验室常见用品，课堂操作步骤仅需一步即向下推动注射器，这样更容易完成实验操作。④巧用移液管。肚容式移液管的特殊结构使其能容纳更多红棕色气体，改变压强使液面差呈现更加明显。⑤巧用食用油。食用油安全无毒，价格低廉，自带颜色，方便观察。⑥装置封闭无污染，反复使用省资源。本实验在课堂上进行操作，过程中不会有气体溢出，且实验装置可多次使用，能节省资源。

教师继续提问：通过本节课的探究学习，你有哪些收获？首先由教师引导学生从压强对平衡移动的影响、实验方案的设计方法、化学学科核心素养的提升等方面谈收获。最后由教师进行总结，表示学到的知识、掌握的方法等都是很好的收获，更重要的是应保持对科学的探究精神，只有不断尝试、反思、创新，才能走上进步的阶梯。

设计意图：通过对实验装置创新点的剖析，培养学生的实验创新思维，加强培养学生的归纳辩证能力，树立环保责任意识。

通过畅谈课堂收获，总结课堂知识，体会学习的价值，感受化学平衡与自然发展的联系。

四、教学反思

本课教学通过实验加深了学生对压强影响平衡的认知，通过对方案的质疑探讨完善了学生的实验设计思路，通过改进装置的设计使用打开了学生的创新思维模式，通过总结、点评、反思提升了学生的化学学科核心素养。在后续教学中还应强化学生对勒夏特列原理中"减弱"二字的理解，即如何体现"压强尽管减小，但还是比原来大"。在学生感悟平衡与自然的关系后，教师可适当延伸关于平衡与"对立统一、辩证思想"的关联，让学生体验平衡与哲学的异曲同工之妙。

（李妮　四川省成都市中和中学）

【案例4】

捕获光能的色素和结构

一、教材分析及教学思路

本节课的内容是人教版高中生物学（2007年第2版）必修1第5章第4节"光与光合作用"的第1课时，课标要求本节课建构的次位概念是：植物细胞的叶绿体从太阳光中捕获能量，这些能量在二氧化碳和水转化为糖和氧的过程中，转换并储存为糖分子中的化学能。

本节课内容主要包括叶绿体的结构和功能、色素的种类和作用、光合作用的发现历程等。教材以图文并茂的形式让学生直观了解了叶绿体的结构、色素的种类和作用，同时通过科学史实让学生了解了光合作用的发现历程。

学生已知"植物在光照下进行光合作用时吸收二氧化碳，释放氧气"的事实，通过本节课的学习，学生还需要掌握支撑次位概念的其他相关事实性概念，这些事实性概念都能够通过实验现象进行抽象概括，学生也基本具备相关的实验能力。

本节课基于学习进阶理论，按照"经验、映射、关联、系统、整合"等概念建构逐级进阶的5个层级设计教学任务，每个层级通过基于科学论证的教学活动来达成。具体思路是以解决"为什么有的蔬菜大棚中白天晚上都悬挂红色或蓝色日光灯"这个问题为核心任务，教师引导学生逐步分析问题、提出主张，并设计相关实验，通过收集证据来论证主张，解决问题，最终建构概念。本节课教学设计的思路如图2-20所示。

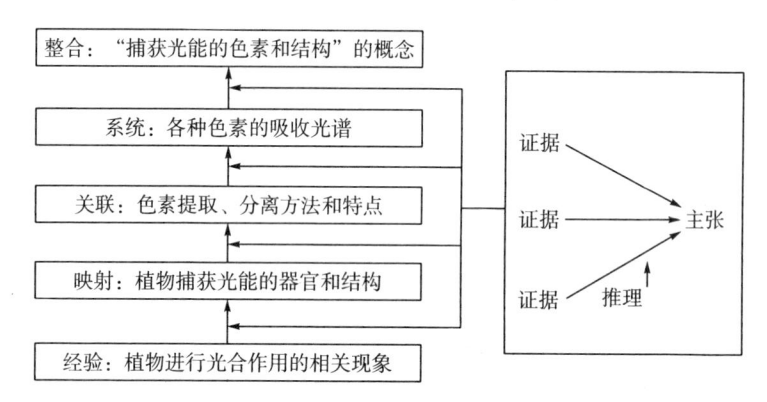

图2-20　本节课教学设计的思路

二、教学目标

基于课程标准的内容要求、学业要求和学业质量标准，围绕培养学生学科核心素养的要求，制定如下教学目标：

（1）通过设计和开展实验，逐步探究捕获光能的器官、细胞结构和物质基础，培养学生由宏观到微观的研究能力，通过多个创新和改进实验的体验培养学生的创新能力。

（2）通过对多个实验现象的归纳概括，阐明蔬菜大棚的补光原理与叶肉细胞中叶绿体含有多种捕获光能的色素之间的关系，培养学生基于事实和证据，解决实际问题的思维习惯。

（3）通过讨论分析植物捕获光能的色素和结构的相关特点，培养学生结构与功能相适应的观念。

三、教学过程

（一）创设情境，观察植物进行光合作用的相关现象

课前布置课外实践活动：参观蔬菜大棚，由学生录制温室中悬挂红光灯的情境。提出问题：为什么蔬菜大棚中悬挂着的日光灯白天也开着？为什么一般都是悬挂红光灯或蓝光灯呢？对于以上问题，学生讨论交流后能够提出初步的主张：补光很可能与增强植物光合作用有关。但对于如何证实猜想，学生是很茫然的。首要原因是学生没有观察过植物的光合现象，也不知道如何观察。

为了让学生观察到光合现象，教师用玻璃缸、日光灯、绿萝盆栽、智能空气检测仪等材料自制了检测植物光合作用的实验装置，如图2-21所示。在教师提供的创新实验装置的提示下，学生自主设计实验观察光合现象：分别在无光、自然光和补光条件下观察装置中CO_2和O_2含量的变化情况。实验结果显示，无光时装置中CO_2浓度明显上升，自然光时CO_2浓度下降，补光时CO_2浓度下降更明显。

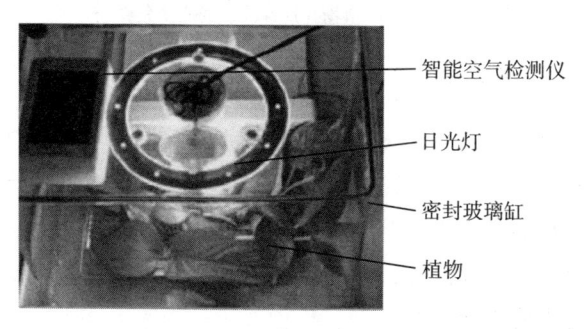

图2-21 检测植物光合作用的自制实验装置

设计意图：引导学生整理已有经验，通过实验明确植物能够

在光下吸收 CO_2、释放 O_2，同时介绍自制的检测植物光合作用的实验装置的原理和使用方法，激发学习兴趣，唤起创新意识。

（二）植物捕获光能的结构

学生观察了光合现象后，发现了补光能增强光合作用。教师进一步引导：为什么补红光或蓝光呢？学生提出猜想：补红光或蓝光更有利于增强光合作用。教师追问：为什么红光、蓝光效果更好？教师引导学生推理分析：答案应该去植物体内进行光合作用的部位寻找。进而引导学生论证：叶绿体是植物光合作用的场所（见图2-22）。

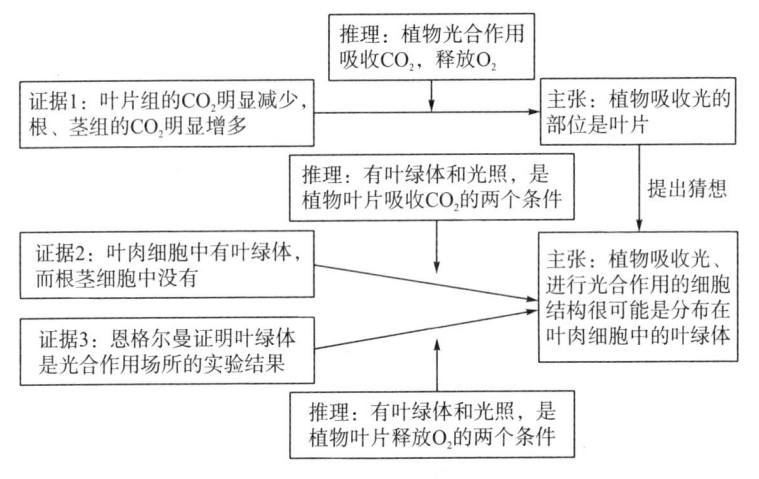

图2-22 论证叶绿体是植物光合作用的场所

要完成上述论证，学生需要通过两个实验来获得相关证据：

实验1：将根、茎、叶分离开，分别将它们放在光照培养箱中，观察培养箱中 CO_2 含量的变化情况（见图2-23）。

实验2：将根、茎、叶分别切片、解离，然后漂洗、制片，观察细胞中有无叶绿体。

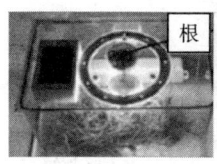

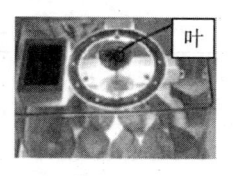

图 2-23　根、茎、叶分别在光下进行光合作用的检测

如何直接证明叶绿体是光合作用的场所呢？学生经过讨论和交流，提出了另外的实验方案：用差速离心法分离叶绿体后再进行光合作用。但目前无法进行该实验。教师引导学生查阅资料，关注恩格尔曼的实验。

设计意图：引导学生在事实经验和概念之间建立简单联系。通过在实验证据的基础上分析推理，提出光合作用的场所是叶绿体，再通过资料证实猜想，培养学生基于实证的逻辑分析能力。同时，在由宏观到微观的实验设计思路中培养学生的科学探究能力，在创新和改进的实验操作中培养学生的创新能力。

（三）色素的提取、分离方法和特点

学生证明了光合作用的场所是叶绿体，那么叶绿体内部是什么结构或物质在吸收光呢？教师给出叶绿体的结构等相关资料，学生通过阅读和讨论，提出主张：叶绿体中捕获光能的物质是色素。证明的首要任务就是提取色素。由于绿叶中有多种色素，还需要分离色素。通过对色素含量和颜色等特点的观察和分析，定性判断色素不吸收绿光、黄光等。绿叶中色素吸光特点的论证过程如图 2-24 所示。

证据1：叶绿素a呈蓝绿色，叶绿素b呈黄绿色，胡萝卜素呈橙黄色，叶黄素呈黄色

证据2：绿叶中叶绿素的含量占3/4，类胡萝卜素的含量占1/4

推理：色素的颜色应该是没有被吸收的光透射或反射出来而呈现的

主张：绿叶中的色素基本不吸收绿光、黄光等，尤其是绿光

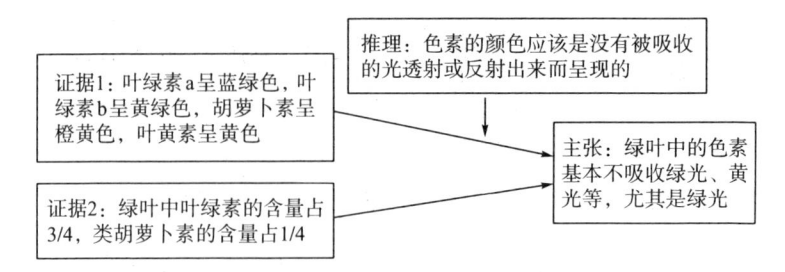

图 2-24　绿叶中色素吸光特点的论证过程

要完成上述论证，学生需要通过两个实验来获得相关证据：

实验3：用粉碎机粉碎绿叶，加入 $CaCO_3$、无水乙醇提取色素，过滤，获得色素溶液。

实验4：用钢笔将色素溶液涂画在滤纸条上，将滤纸条放在层析液中进行色素分离。

设计意图：引导学生建立事实经验和概念的定性联系。通过开展改进的色素提取和分离实验，在观察分析各种色素的含量和颜色的基础上，推理分析各种色素可能存在的吸光特点，培养学生应用跨学科知识解释和解决实际问题的思维习惯和能力。

（四）探究色素的吸收光谱

虽然学生通过色素的颜色定性推理出绿叶中的色素基本不吸收绿光、黄光等，根据白光是七种颜色的复合光，不难提出主张：绿叶中的色素主要吸收红光和蓝紫光等。那么如何观察各种色素分别吸收什么种类的光呢？学生需要通过实验收集证据，论证主张。

要完成上述论证，学生需要通过两个实验来获得相关证据：

实验5：自制光谱仪，将色素溶液装入光谱仪中，观察色素溶液的吸收光谱（见图2-25）。

实验6：将滤纸上的四种色素带剪开，汇总全班同学的色素带，用酒精分别复溶四种色素带，用自制光谱仪观察每种色素溶液的吸收光谱（见图2-26）。

图 2-25　自制光谱仪

图 2-26　不同色素溶液的吸收光谱
（对照　四种色素　类胡萝卜素　叶绿素a　叶绿素b）

设计意图：引导学生建立事实经验和概念的定量关系。通过应用物理学的知识和教具制作简易的光谱仪，帮助学生设计和开展创新实验，论证绿叶色素的吸收特点，提升创新意识。同时，培养学生结构与功能相适应的观念。

（五）建构"捕获光能的色素和结构"的概念

通过多次论证，学生逐渐明确了植物捕获光能的色素和结构。那么，学生能够解释蔬菜大棚中为什么悬挂红色或蓝色日光灯了吗？引导学生应用本节课建构的概念解决情境中的核心问题，并论证自己提出的主张（见图 2-27）。

```
证据：植物捕获光能的结构
是主要分布在叶肉细胞中的
叶绿体

推理：植物叶绿体吸收光能伴随着吸收
$CO_2$、释放$O_2$，植物吸收的光能越多，
越有利于光合作用的提高

证据：叶绿体的类囊体薄膜
上分布着捕获光能的色素，
其中叶绿素主要吸收蓝紫光
和红光，类胡萝卜素主要吸
收蓝紫光

主张：蔬菜大棚中可以通过
补充红光和蓝紫光来显著增
强光合作用，有利于增产
```

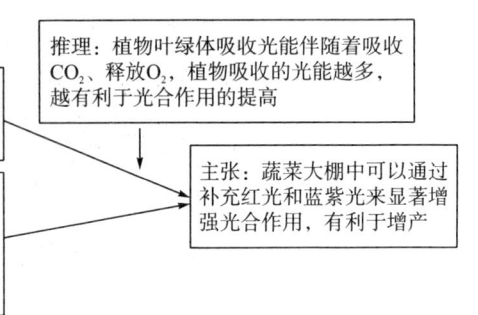

图 2-27 补充红光或蓝光有利于增产的论证过程

最后，教师引导学生通过概念图的形式归纳总结本节课学到的概念，达到学习进阶的终点。

设计意图：引导学生提炼并表述事实经验的本质属性。通过应用实验结论分析解决情境中的核心问题，总结本节课进阶学习的概念，培养以解决实际问题为目的的学习习惯和思维习惯。

四、教学反思

该实验教学设置了真实的情境，以解决真实问题为核心任务，设计和开展一系列逻辑清晰的探究实验，并通过自制实验装置、改进或增设实验来保障探究实验的顺利开展。学生将经历的是一段动手实践的亲身体验和科学论证的思维过程，概念的逐级进阶是在这个解决问题的过程中自然而然发生的。实践证明，如此组织教学，学生因为学习有意义而主动参与，一切的育人目标将不难实现。当然，在本实验教学的开展过程中，学生实验效果不理想是常有的事，各个实验又环环相扣，前面实验结果的不理想将直接影响后面实验的生成和推进。因此建议教师提前录制一个备用实验视频和实验结果。

（缪璇　四川天府新区第三中学）

【案例5】

"服务业区位因素及其变化"的教学设计

一、教材分析及设计思路

本节课选用的是人教版地理必修2（2019年版）第3章"产业区位因素"第3节"服务业区位因素及其变化"作为授课内容。本节教材内容按照"概念、分类、区位因素、区位因素变化"的顺序介绍服务业的区位因素及其变化。学生在前面学习了农业、工业区位因素，已经初步具备产业活动区位因素分析的方法和经验，明确需要从多个区位因素的角度分析产业活动的区位选择。

在教学中首先以学校附近某高端商场A的选址为情境，分析影响该商场全国第三店选址成都的因素，通过空间尺度的变化，探究在成都市内，该商场新店选址交子商圈而不是市中心的原因，让学生理解区位因素分析应该立足区域特征进行，即使同一个因素在不同尺度区域进行分析时，也会有明显差异，以此培养学生要素综合、时空综合的能力。然后按时间尺度的变化，以成都市市中心某地段传统百货商场的衰落为例，探究商业性服务业区位因素的变化及对区位选择的影响，让学生认识到服务业区位因素会随着社会经济的发展发生明显变化，进而影响服务业的区位选择，培养学生用动态发展的观念、时空综合的思维来分析区位因素，并由此提炼出产业活动区位选择的实质就是探寻区域特征和产业活动的匹配关系，匹配好则选址在此。

二、教学目标

（1）结合生活经验和服务业的概念，让学生对常见的服务业进行分类。

（2）结合商场A选址的相关资料，让学生从收支角度分析影响商业性服务业区位选择的因素。

(3) 结合春熙路商圈传统商超衰退的案例, 让学生分析并归纳商业性服务业区位因素的变化。

(4) 结合资料和生活经验, 让学生说出商业性服务业出现的变化, 分析变化的原因。

三、教学过程

(一) 创设生活化的教学情境, 学习服务业概念及分类

设置"猜一猜这是在哪儿? 根据图片对公司或单位进行分类"等环节, 先让学生猜测图示大型新型商场场景 (见图 2-28) 在哪儿, 再让学生结合生活经验, 根据是否盈利和服务对象, 对快递、银行、餐饮、政务中心、医院、学校等企业或单位进行分类。然后, 师生共同归纳服务业的概念及分类。

图 2-28 陈列新颖的大型新型商场

设计意图: 结合生活常识, 对比传统商超和现代新型高档商超的差异, 将课堂与生活实际联系起来, 以激发学生的学习兴趣。同时, 利用学生熟悉的企业或机构, 帮助学生明晰服务业概

念、服务业分类（见表2-9），培养学生归纳总结的能力。

表2-9 服务业的分类

分类	商业性服务业		非商业性服务业
	生产性服务业	生活性服务业	公共服务业
服务对象	为企业、机构提供生产和商务服务	为个人或家庭提供日常生活服务	为社会大众所有人提供服务
主要行业	物流、金融、信息、科技、商务等	批发零售、餐饮住宿、文化娱乐、房地产等	教育、卫生、公共管理、社会保障等

（二）探究影响商业性服务业的区位因素，培养综合思维

1. 列举影响商业性服务业选址的区位因素，对比不同产业区位因素的异同

以商场A在成都新开全国第三个门店为情境，请学生从企业决策者的角度，列举投资建设并运营该门店的收支组成（见图2-29），培养学生要素综合的能力。为了正确决策，新店选址前会对目标城市进行调研，让学生判断要重点调研的内容有哪些，据此引出影响商业性服务业区位选择的因素。

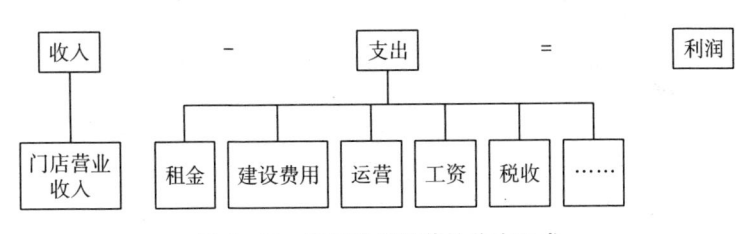

图2-29 商场投资运营的收支组成

另外，对比商业性服务业区位因素（见图2-30）、农业区位因素（见图2-31）、工业区位因素（见图2-32），明确不同产业区位因素的异同（服务业受自然因素影响小，受人文因素影响大），从而培养学生的归纳总结能力。

图 2—30　商业性服务业区位因素

图 2—31　农业区位因素

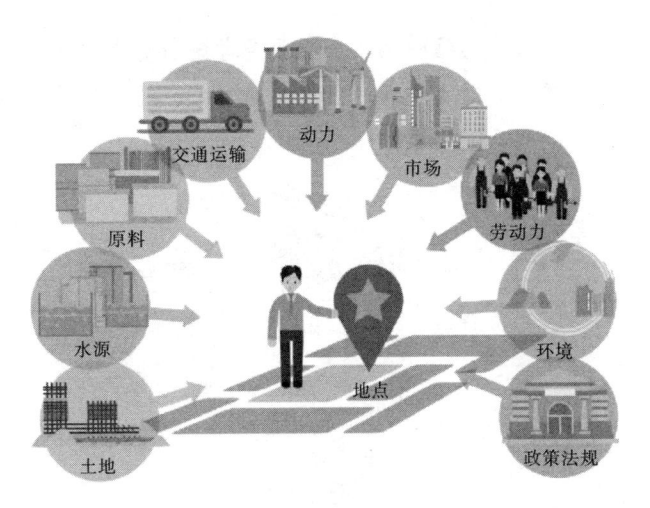

第二章 教研组课程建设、课题建设及课堂建设 | 129

图 2-32 工业区位因素

设计意图：从收支角度分析商业性服务业区位因素，明确商业性服务业区位选择的基本原则即经济效益的最大化，并培养学生的综合思维（要素综合）。通过对比，归纳总结不同产业区位选择影响因素的异同。

2. 以商场 A 选址成都为例，深入分析不同区位因素对商业性服务业布局的影响

资料 1：2021 年，成都市常住人口 2119.2 万人，成都市国内旅游 20395 万人次，涉外旅游 233091 人，旅游总收入 3713 亿元。成都市政府着力打造市中心、城南交子公园商圈 2 个城市商业中心。市中心的商场 B、商场 C 是成都高端百货的典范，年销售额分列成都市第一、第二名。城南交子公园商圈内有 5 座公园、8 家大型商业综合体，商场 A 的全国第三店也于 2022 年底落户城南交子公园商圈地铁锦城广场东站出口处。

通过观看商场 A 宣传视频并结合资料 1、图 2-33、图 2-34，了解商场 A 的位置、商场内部陈列等，归纳总结影响商场 A 选址成都的主要因素有交通、政策、历史文化等。通过追问，让学

生勾画材料内容，总结归纳市场主要是考虑消费者规模、消费水平、消费习惯，交通主要通过区域交通方式、质量和等级等影响服务业的选址布局。

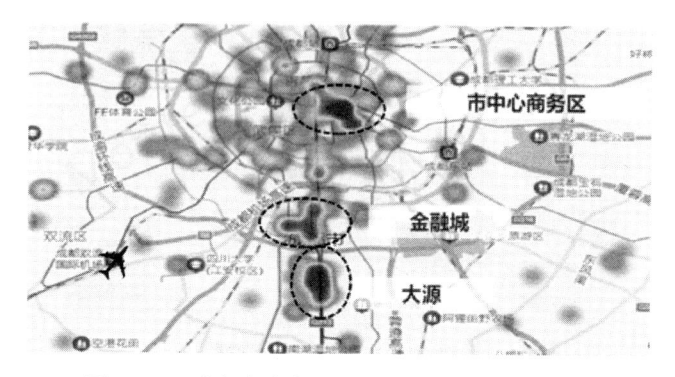

图 2-33 成都市高奢消费人群工作地热力分布图

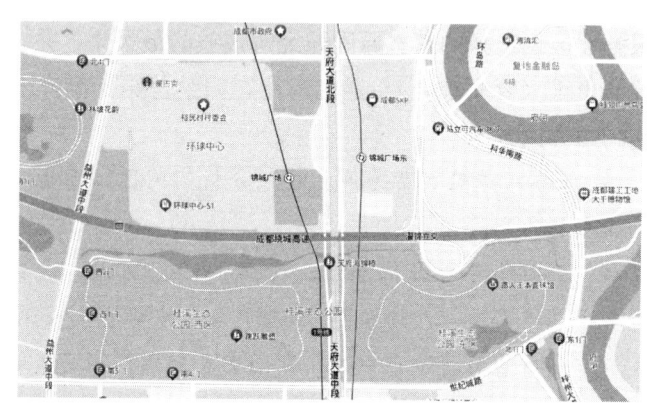

图 2-34 商场 A 位置及周边环境图

设计意图：结合上述商业性服务业区位因素和实际案例做归纳与总结，培养学生的知识迁移应用能力。通过勾画材料中反映市场、交通条件、环境、政策法规的内容，培养学生提取和解读地理信息的能力、描述和阐释地理事物的能力，发展学生的综合思维能力。

第二章 教研组课程建设、课题建设及课堂建设 | 131

3. 缩小空间尺度，分析不同空间尺度下商业性服务业区位因素的差异

结合资料1和图2-35，以小组合作的方式，分析在成都市内，商场A选址城南交子公园商圈锦城广场处而不是市中心的原因。通过进一步的追问：去往商场A的主要交通方式有哪些？成都市市中心和城南交子公园商圈交通条件的差异主要体现在哪些方面？图中有哪些公园，这对商场A布局有何影响？商场B、商场C和商场A的等级相同吗？它们集聚在一起，对后来的商场A有何影响？据此深入分析交通因素、环境因素、集聚等对商业性服务业区位选择的影响。

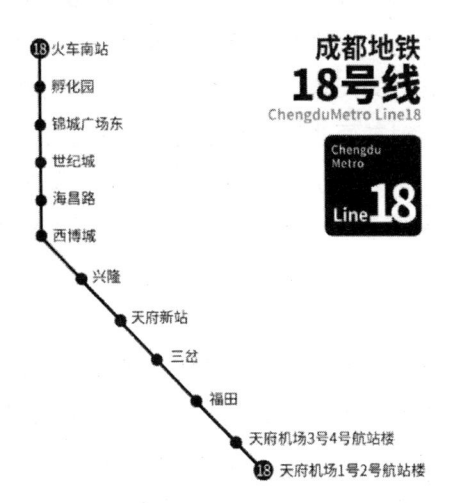

图2-35 成都地铁18号线站点图

设计意图：通过分析不同尺度区域的区位因素，帮助学生建立尺度思想，厘清不同尺度区域，同一要素对区位选择的影响不同。深入分析集聚具有共享基础设施、降低交易成本、共享信息和技术，减少交通费用，满足消费者多元化需求，扩大知名度和影响力等方面的好处。

（三）以商业性服务业区位选择的空间变化，探究服务业区

位因素的时间变化

资料2：近年来，多个老牌商场纷纷退出成都市市中心春熙路商圈。

资料3：开业之初，商场A联合闪送，打造购物1小时闪送回家新体验，这是商场A在追求消费者服务体验上的一次重大尝试。除了到店购买，消费者还可以通过直播带货、职业买手代买、会员购等形式购买其商品。

学生观看成都市市中心某地段传统百货商场衰落的视频，并结合资料2和资料3，从地租变化、市场变化分析传统商场衰落的原因。市场变化又可以从服务模式陈旧、电商分流、新的商业综合体分流等角度分析收入下降、支出升高，导致利润下降，进而发生选址变化。如此培养学生信息提取、归纳总结的能力。

设计意图：对前面学习的商业性服务业区位选择的方法进行反向迁移应用，引导学生分析商业性服务业区位因素的时空变化，培养学生的综合思维能力，尤其是时空综合能力。

（四）结合学生生活经历，归纳总结商业性服务业出现的变化

让学生结合生活体验，举例说明购买百货商品的可能途径、曾体验过的新型服务业等，归纳总结商业性服务业的变化（见图2-36）（服务模式增多、服务质量提升、服务效率提高、新兴服务行业兴起等），并进一步分析服务业变化背后反应的区位因素变化以及对区位选择的影响。

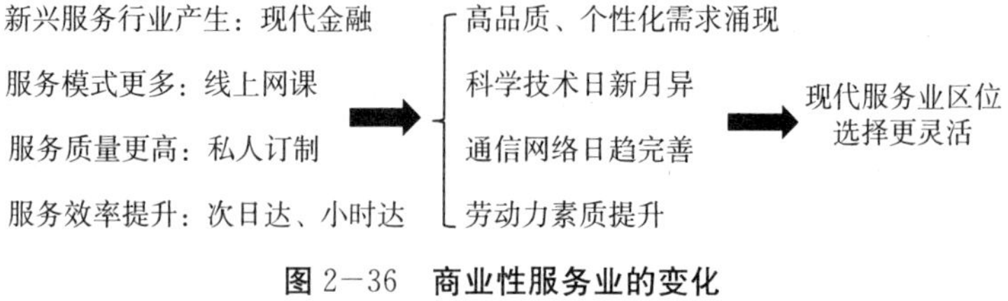

新兴服务行业产生：现代金融　　→　高品质、个性化需求涌现
服务模式更多：线上网课　　　　　科学技术日新月异　　→　现代服务业区位
服务质量更高：私人订制　　　　　通信网络日趋完善　　　　选择更灵活
服务效率提升：次日达、小时达　　劳动力素质提升

图2-36　商业性服务业的变化

设计意图：引导学生关注生活中的地理，透过生活中的现象分析背后的地理原理、规律，并通过归纳、学科化的表述培养学生的总结与表达能力。

（五）总结提炼，抽象出商业性服务业选址的根本原则

教师梳理本节课以商场 A 选址为例，探究了商业性服务业区位因素及其变化，当前市场变化、信息网络、劳动力素质、科技、个人情感等因素对区位选择影响更大，并总结出商业性服务业区位选择多遵循利润最大化原则，暨商业性服务业区位选择就是找到能符合企业利润最大化的地方，其关键就是产业（企业）布局要求和区域特征高度匹配（见图 2-37）。这种选址决策方法可以迁移应用到其他的区位选择分析中。

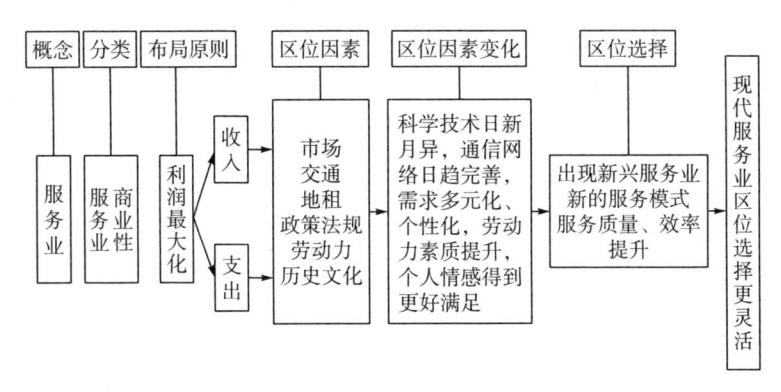

图 2-37 商业性服务业区位因素及其变化

设计意图：通过总结，对知识结构进行梳理，并对方法进行提炼，即区位选择的关键就是布局要求和区域特征高度匹配。

四、教学反思

从情境的选择看：选择了学生比较熟悉的商场来进行服务业区位分析，让学生有意识地将生活和地理学习联系起来。

从教学目标看：本节内容对应的课标是"结合实例，说明服务业区位因素及其变化"，在对教材内容进行梳理和学情分析后，

考虑到课堂容量，将本课时教学内容确定为"服务业区位因素、服务业区位因素的变化及影响"，并重点探究市场、交通、集聚等因素对服务业区位选择的影响。整堂课的教学目标明确、问题设计少而精，并指向学生核心素养的培养。

从课堂生成性看：本节课将教学目标拆解为若干个小任务，依托情境设计不同层次的问题链，通过动脑或动手、独立思考或小组探究等形式让学生自己得出不同因素对服务业区位选择的影响，课堂的生成性较强。

（程世娇　四川省成都市中和中学）

第三章　教研组资源建设与教师发展

资源建设与教师发展是教研组工作的双重核心。资源建设作为集体智慧的体现，是教研组持续发展的关键支撑。为了实现这一目标，教研组可以通过分类建设人力资源库、学习资源库、课例资源库和教研资源库等，为教师提供全方位的支持。这些资源库的建设不仅有助于提升教师工作效率和教学效果，更能推动教研组全体教师的专业发展，形成教研组的核心竞争力。资源建设和教师发展相辅相成、相互促进，不断优化资源建设可以推动教师发展，优秀的教师是资源建设的关键保障。

第一节　教研组资源建设

教研组资源建设是指教研组为教师提供的教学教研活动所需的各种资源和支持，旨在提高教师整体的教学质量和水平。教研组资源建设可以为组内教师提供丰富多样的教学资源、促进教师之间的交流与合作、提高教师的专业素养、推动教师教学水平的不断提高。此外，教研组资源建设还可以推动教育教学改革与创新，帮助教师不断提升自己的教学能力和教育教学理念。借助搭建的资源平台，在教研组的支持和引领下，教师可以更好地适应教育改革的要求，积极探索和实践新的教学模式与策略。

一、新老互动，建设教研组人力资源库

传承经验，助力成长。教研组是一个集老、中、青三代，多维发展的教师团队，若是以经验丰富的老教师为引领、骨干教师示范与带动、青年教师学习与创新开展团队建设，将会达到以老带新、以新促老、共同提高的目的。

（一）教师队伍建设对教研组发展的重要意义

教师队伍是教育教学活动的主要实施者和推动者。根据不同年龄段教师的经验、思维方式、工作需求等，教师队伍一般可分为新入职教师、骨干型教师、名师型教师、教育家型教师。不同阶段的教师有不同的发展特点。新入职教师刚入岗位，急需适应教育工作，积累教学经验，用先进教育理念提高教学技能。骨干型教师已经积累了一定的教学经验，需要进一步提升专业素养和教学水平，探索教学研究和创新。名师型教师较为稳定，旨在进一步深化、提升专业知识水平。教育家型教师拥有丰富的教学经验和专业知识，可以成为教学领导者，能够承担重要的教学任务和师资培训工作，引领教师的专业成长。合理搭建教师队伍，可以提升教师的专业素养，提高教学质量，支撑教研活动开展，保证人才储备和传承。

新老互动是建设教研组人力资源库的重要方式。通过新老教师之间的互动，可以实现经验的传承和知识的共享。新任教师可以从老教师那里获得宝贵的教学经验和教育理念，快速适应教育教学工作。同时，老教师也可以通过与新任教师的交流和互动，了解新的教学方法和技术，保持教学的活力和创新。通过新老互动建设教研组人力资源库，可以打破教师之间的信息壁垒，促进教师之间的合作与共享。这将有助于提升整个教师队伍的专业素养和教学质量，最终提高教育教学的总体质量。

（二）制定培养优质教师的计划和方法

优质教师是指在教学工作中表现出卓越能力和专业素养的教师。优质教师的培养是一个不断追求进步和超越的过程，需要教师本人积极主动地参与和投入。同时，学校和教研组也应提供相应的支持和资源。优质教师的培养可以按照"学习、实践与反思"的途径进行。培养优质教师的途径如图3-1所示。

```
                    ┌─ 设立明确的培养目标 ─ 提供系统化的培养课程 ─ 实施导师制度
培养优质教师计划 ───┼─ 提供充分的实践机会 ─ 提供专业发展机会 ─ 创建教师合作与分享的平台
                    └─ 评估 ─ 反思 ─ 强化
```

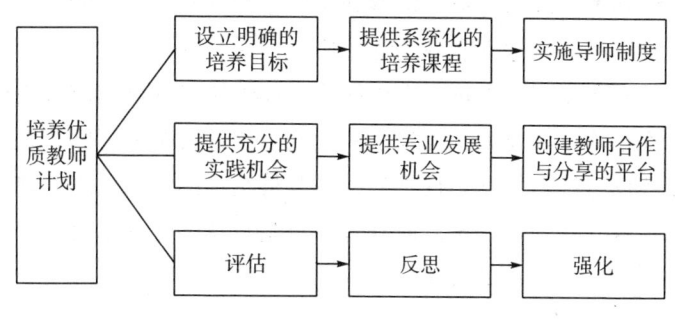

图3-1　培养优质教师的途径

学习环节包括设立明确的培养目标、提供系统化的培养课程和实施导师制度。设立明确的培养目标，包括明确对教师教学能力、专业素养、教育教学研究能力等方面的要求，这样可以为培养计划的制订提供明确的方向和指导。提供系统化的培养课程，包括教育学理论、学科知识、教学方法、教育技术、师德师风等方面的内容，这些课程应该遵循循序渐进的原则，以满足教师在不同阶段的培养需求。实施导师制度，为培养教师提供个性化的指导和支持，每位培养教师可以与一位经验丰富的导师对接，由导师负责指导培养教师的教学实践、教学设计、教育研究等工作，帮助其提升教学能力和专业素养。

实践环节重在培养教师的实践能力，可以通过提供实践机会、建立合作与分享平台来实现。为培养教师提供充分的实践机会，包括实习、教学实训、教学观摩、课题研究、公开课等，培养教师的教学技能、积累教学经验，使其能够学会将理论知识应用到实际教学中。为培养教师提供专业发展机会，包括参加教学研讨会、学术会议、教育教学技能培训等，以帮助教师不断更新教育理念，了解最新的教育教学方法和技术，促进专业成长和发展。在此基础上，创建一个教师合作与分享的平台，鼓励教师之间的合作与交流。在平台上，教师可以分享自己的教学经验、教学资源和教学成果，彼此借鉴和学习，共同提高教学能力。

反思环节应建立有效的评估机制，对教师的教学效果、教研成果及专业发展水平进行实时评价。评价结果的反馈应采用摆事实、说结论、析原因、提建议的形式。该评价结果能够为教师的阶段性反思提供依据，促进教师展开持续性的教学反思。教师在发现自身问题后，经由修改完善和经验总结强化反思效果，使教师专业发展的效益最大化。

二、立足校本，建设教研组学习资源库

校本资源库是指由学校建立的本地化、个性化、自主化的教育资源共享平台。立足校本建立教研组学习资源库可以满足学校和教师对于高质量、丰富多彩的数字资源的需求，方便教师进行教学设计和教育创新，助力优质资源共建共享。

（一）教研组学习资源的类型

教师需要不断学习，以适应不断变化的教育环境和学生需求，提升自己的教学能力和专业素养。教研组学习资源是指由教研组开发、整理和分享的用于支持教师教学和提高教学质量的学习材料等资源。教研组学习资源的常见类型如下：

（1）学科教材和参考书籍：教研组可以共享和推荐学科教材和参考书籍，这类资源是落实核心素养、建立学科知识的框架，

及培养学科技能的根本。教师通过深入理解教材，分析教材特点和要求，将教材与教学目标相对应，创造性地使用教材，以及进行教材的评估和反馈，以更好地指导和支持教学活动。

（2）教学案例和教学设计：教研组可以分享和交流教学案例和教学设计，这些资源展示了教师在实际教学中的经验和策略。教师可以通过研究和借鉴这些案例和设计，提升自己的教学能力和教学效果。

（3）其他教学资源和教学工具：教研组可以共享和推荐各种教学资源和教学工具，如教学 PPT、教学视频、教学游戏等，以丰富教学内容，增加学生的参与度，强化学习效果。

（4）教学研究成果和学术论文：教研组成员可以相互分享教学研究成果和学术论文，这些资源可以促进教师之间的学术交流与合作，激发教师对教学研究的兴趣，推动教育实践的改进和创新。

（5）教育培训和研讨会资料：教研组可以共享教育培训和研讨会资料，包括培训课件、研讨会演讲稿、专家讲座视频等，以帮助教师获取最新的教育理论和实践经验。

（6）网络资源和在线平台：教研组可以利用互联网和在线平台获取并共享教学资源，如教育网站、微信公众号、在线教育平台、教育博客等。这些网络和在线平台的资源丰富多样，几乎覆盖了各个学科和教学领域，教师可以根据需要选择和使用。

除了以上几种类型资源，教研组还可以通过教学观摩、教学讨论、线下教研、教师沙龙、说课等方式进行实地交流和学习。教研组学习资源的共享和利用有助于教师之间的合作互助，提升整个教研组的教学水平，促进教师的专业发展。

（二）建设具有学校特色的教研组学习资源库

建设教研组学习资源库的目的是提高教研组内教师的教学能

力和教学质量，促进教师之间的合作与交流。通过共享学习资源，教师可以相互借鉴，共同进步。建立教研组学习资源库的一般步骤如下：

（1）确定资源库的目标和范围：明确资源库的目标和范围，确定需要收集和整理的教研组学习资源类型，如教学案例、教学设计、教学工具等。确定资源库的主题或所属学科领域，以便更好地对资源进行组织和分类。

（2）收集教研组成员的资源：鼓励教研组成员积极分享自己的教学资源。可以设立一个共享平台，如共享文件夹、在线云盘或专门的资源管理系统，以此来实现教学资源的分享。同时，定期组织教研活动，鼓励成员进行资源的流通共享。

（3）整理和分类资源：对收集到的资源进行整理和分类，建立清晰的目录结构和分类标签，方便教研组成员查找和使用资源。可以按照学科、年级、教学主题等进行分类，也可以根据资源的类型进行分类，如教学案例、教学设计、教学工具等。

（4）保障资源的质量和有效性：对收集到的资源进行评估可以确保资源的质量和有效性。可以由教研组的核心成员或专门的质量评估小组进行评估，根据一定的标准和指标对资源进行筛选和审核。

（5）提供便捷的访问方式：确保教研组成员能够方便地访问和利用资源库中的资源。教研组可以提供在线浏览和下载的访问路径，确保资源能够方便快捷地获取；建立一个信息共享和交流的平台，如在线论坛、即时通信工具或社交媒体群组等，方便成员之间的讨论和交流。

通过建立教研组学习资源库，教研组成员可以共享和借鉴优质的教学资源，促进教学水平的提升，以进一步推进自身的专业发展。另外，教研组学习资源库的建立还有助于加强教研组的合作与交流，形成良好的学习氛围和共同成长机制。

三、搭建平台，建设教研组课例资源库

基于校园网的学科教学资源库的建设，是教研组教学教研工作的重点内容之一，其中的课例资源既能促进"教师教"，也能帮助"学生学"，是教学资源库的重要组成部分。

（一）建立课例资源目录索引

为了建设和应用教学资源库中的课例资源，需要建立清晰明了的课例资源目录索引。可基于成熟的运用系统，依据学科、学段、教材版本、章节依次划分资源区域，对每个课例按照素材类别进行分区，如音频视频类、文本类、图片类、动画类等，以满足学生的学习和练习需要，以及教师备课和教研的资源需求。

（二）建立视频资源区域

视频资源具有生动直观的特点，能打破时空界限，开拓学习视野，对特定情境的教学有很好的辅助作用。视频资源可以是互联网平台上筛选的优质影像资源，也可以是公共教育平台上的优质课例，还可以是教师自己录制的视频、微课或课例等。

视频资源的研发应当站在满足学生学习和教师教研需要的角度，以学习者为中心进行布局和创制。[1] 按照功能，可将视频资源分为辅助教学资源和课程化资源两类，以服务不同的教学环节和应用场景。辅助教学资源是对教材、教学的补充，能在特定教学情境下起到辅助教学的作用。课程化资源以专题式、模块化、系列化的矩阵形态，系统呈现较为完整的课程内容，侧重学生自主学习过程中建构概念和培养学科核心素养的需要，以及服务于

---

[1] 赵阳、李婧：《智慧教育背景下课堂教学视频资源的开发策略研究——以语文学科为例》，载于《中国电化教育》，2020年第6期，第136~138页。

教师的观摩学习和在线教研。

视频资源能够增强教学的交互性和画面的可视性，在网络上搜集的辅助教学资源应当画质清晰、播放流畅，内容短小精悍、主题突出、科学准确、健康向上。课程化资源依据类型的不同，要求也有所差异。例如，微课视频的文件格式为 MP4，时间长度不超过 6min，大小不超过 200MB。教学设计和配套练习的文件格式为 Word 等文本格式，大小不超过 20MB。教学课例视频时长不超过 40min，应呈现整个课堂师生的互动情况。教学说课视频时长不超过 15min，应呈现教师对此堂课例在贯彻新课程理念、使用新教材、创新教学模式等方面的思考与设计；视频格式为 MP4，分辨率不低于 720p，大小不超过 800MB，要求图像、声音清晰，播放流畅。

（三）建立文本资源区域

教学文本资料在教学活动中具有许多优点：第一，教学文本资料可以提供系统化的知识体系，有助于学生掌握学科的基本概念、原理和方法。通过阅读文本资料，学生可以更深入地理解学科知识，并建立起自己的知识结构。第二，教学文本资料具有持久性和稳定性，可以长期保存和使用。与教师口头讲解相比，文本资料可以供学生随时复习和使用，有助于巩固学生的记忆和理解。第三，教学文本资料可以作为学生自主学习的资源。学生可以根据自己的学习需求和兴趣选择合适的文本资料进行阅读和学习，从而增强学习的自主性，提高自学效果。第四，教学文本资料可以作为教师备课和设计教学方案的参考。教师可以根据文本资料的内容和结构来设计教学内容、教学方法和教学流程，从而提高教学效果和学生的学习体验。第五，教学文本资料还可以作为师生之间的交流媒介。教师可以通过文本资料向学生传递学习要求、作业布置、学习评价等信息，学生也可以通过文本资料向教师反馈学习情况、问题或建议，有助于加强师生之间的沟通和互动。总之，教学文本资料在教学活动中具有许多优点，可以作为学生和教师获取知识、交流互动的重要工具。

教学文本资料包括面向学生的文本资料和面向教师的文本资料。面向学生的文本资料包括以下几类：①教科书，这类文本资料是最基本的教学文本资料，其系统地介绍了学科的知识体系，是学生学习的主要资料。②教学参考书，这类文本资料能为学生提供更多的背景知识和参考资料。③期刊，这类文本资料定期发布的最新的研究成果和学术论文，有助于学生了解学科前沿动态。④网络资源，互联网上有很多教育网站、论坛等，它们提供了大量的学习素材，有助于学生获取最新的学习资料和信息。⑤习题集，这类文本资料主要是为学生提供练习和巩固知识的机会，帮助学生加深对知识点的理解。⑥课程计划，这类文本资料为学生提供了课程的结构和内容，有助于学生更好地规划学习进度和目标。以上是面向学生的教学文本资料的类型，这些资料各有特点，可以结合学生的需求和学习风格进行选择和应用。

面向教师的文本资料包括教学设计库、教学课件库、教学参考资料库等。教学设计是为了有效地促进学生的学习，根据学科特点、学习者特征、学习内容、教学目标和教学环境等对教学过程做的规划、实施和评价。教学设计通常包括分析教学目标、确定教学内容、设计教学过程、教学评价与反思。教学设计是教学过程中非常重要的环节，成熟的教学设计可以为教师课前备课提供有价值的参考。教学课件能使教学内容直观化，可以将抽象的知识变得形象化。教师通过图片、视频、动画等形式展示教学内容，能帮助学生更好地理解知识。课件能够呈现知识的动态变化，帮助学生理解事物的内在规律和演变过程。通过预设好的教学内容和流程，使用课件可以节省教师备课和讲解的时间，提高教学效率。此外，生动有趣的课件还可以吸引学生的注意力，提高他们的学习兴趣和积极性。课件中设计的互动环节可以增加师生之间的交流和互动，提高教学效果。教学参考资料主要包括：①学科专业书籍，其是教师教学的基础资料，可以提供针对不同年级、不同学科的教学内容和知识点；②教学参考书籍，其有助于教师深入理解学科知识，拓宽教学视野，提供教学案例和实例，以及探索新的教学方法和策略；③期刊，其可以提供最新的教学方法和研究成果，有助于教师提高自己的教学水平；④教科研材料，包括课题研究材料、专著、论文等，有助于教师了解学术前沿和热门研究方向。这些教学参考资料对于提高教师的教学水平、丰富教学内容、增加教学案例、探索新的教学方法和策略等都具有重要的作用。同时，这些资料也有助于教师更好地了解学生的学习需求和水平，调整教学内容和方法，进而提高教学效果。

（四）建立图片动画资源区域

建立教学的图片资源区域能帮助教师更好地管理和使用图片资源，激发学生的学习兴趣，提升教学效果。教学动画可以降低学习难度，辅助教师教学，培养学生的观察力和想象力，提供个性化学习资源等。以下是建立图片动画资源区域的方法：

（1）确定资源区域的使用目的和范围：在建立教学图片和动画资源区域之前，需要明确资源区域的使用目的和范围。

（2）收集、整理图片和动画资源：可以从互联网、图书馆、教育机构等渠道收集和整理相关图片和动画资源，也可以邀请教师和学生自己制作图片和动画资源。在整理图片和动画资源时，需要注意分类和标签的准确性，方便查找和使用。

（3）建立资源区域平台：可以使用云存储、在线教育平台或其他软件平台来建立教学图片和动画资源区域。这些平台可以帮助教师上传、分类、标记和管理图片及动画资源，并提供在线预览和下载功能。

（4）制定使用规范：为了确保图片和动画资源的合理使用并保护知识产权，需要制定使用规范。使用规范可以包括图片和动画的使用范围、使用权限、版权声明等，并要求使用者遵守相关规定。

（5）定期更新和维护：随着时间的推移，学科知识和教学方法也在不断更新和发展。因此，需要定期更新和维护教学图片和动画资源区域，以确保其时效性和准确性。

建立教学图片和动画资源区域需要教师们的共同努力，需要制定合理的使用规范和管理机制，以确保其长期可持续发展和使用效果的最大化。

四、素养引领，建设教研组教研资源库

形式多样的教研活动对提高教学质量、促进教师专业发展、解决教学中的问题、加强教师间的交流与合作、推动学科发展、提高学生学习的积极性、完善教学方法以及促进教育改革等，都具有重要的意义。

（一）组织形式多样的教研活动

组织教研活动时，需要结合教师的实际需求和教学实际情况，同时考虑活动的目的、主题、时间、地点、人员等因素确定具体的活动形式。常见的教研活动形式有如下几类：

（1）主题式教研：确定一个明确的主题，如"聚焦概念教学的高中生物课堂教学策略""聚焦核心素养，助力教师专业发展""概念学习进阶与科学论证整合的教学策略""'双减'背景下的作业设计探讨"等，让教师围绕这个主题展开研讨，分享各自的教学经验和策略。

（2）案例分析式教研：选取一些典型的教学案例，让教师分

析其优缺点，从中吸取经验和教训。这种形式可以增强教师对教学实践中出现的问题的敏感度和分析能力。

（3）互动式教研：组织教师进行角色扮演、模拟课堂等活动，让教师在互动中交流观点、分享经验，以提高教师的教学技能和课堂管理能力。

（4）课题研究式教研：针对教学中存在的某个问题或困惑，组织教师进行课题研究。通过问题的提出、研究和解决，以提高教师的问题意识和研究能力。

（5）网络教研：利用网络平台开展在线教研活动。教师可以通过网络平台随时分享自己的教学心得、教学方法和教学资源，促进彼此间的交流与合作。

（6）专家讲座式教研：邀请教育教学专家或优秀教师开展专题讲座，让教师了解最新的教育教学理念和方法，以提高教师的理论素养和实践能力。

（7）观摩式教研：组织教师观摩优秀教师的教学过程，从中学习其教学技巧和课堂管理方法，以促进教师的专业成长。

（8）跨学科教研：鼓励不同学科的教师一起开展教研活动，促进学科之间的交流和融合，以提高教师的综合素养。

（9）反思式教研：在每次教研活动结束后，要求教师对自己的教学过程进行反思，总结优点和不足，提出改进措施，以促进教师的自我完善和提高。

（10）团队建设式教研：通过团队建设活动，如拓展训练、趣味运动会等，增强教师团队的凝聚力和协作精神，以促进教师之间的合作与交流。

在组织形式多样的教研活动时，需要注意以下问题：明确活动目的，即每次教研活动都要有一个明确的主题和目的，确保活动能够达到预期的效果；合理安排时间与地点，方便教师参加；加强组织管理，即要制订详细的活动计划和流程，明确责任分工和任务要求，确保活动的顺利进行；注重活动实效，及时总结经验教训，不断改进和提高活动的质量；激发教师积极性，即通过多种方式如奖励、表彰等激发教师参与教研活动的积极性，让教师感受到自己的进步。

（二）建立交流与评价区域

通过教学交流，教师可以分享彼此的教学方法和经验，从而提升教学水平。恰当的教学评价机制可以促使教师对自己的教学方法进行反思和改进，进一步提高教学质量。建立交流与评价区域能为教师提供学习和发展的平台。此外，交流与评价区域还有助于加强教师间的沟通与合作，形成良好的教学教研团队氛围。建立交流与评价区域，主要有以下几个步骤：

（1）设计和规划区域功能：根据区域的功能，规划教学交流区、教研合作区、评价反馈区等区域。这些交流和评价区域要能够满足教师的需求，帮助教师更好地进行教学和教研工作。

（2）建立技术支持平台：为了实现这些功能，需要建立一个技术支持平台，如在线教学交流平台、教研合作平台、教学质量评估系统等。这些平台应该能够支持教师的在线交流、合作、评价和反馈，为教师提供丰富的教学资源和工具。

（3）制定使用规范和管理制度：为了确保区域的有效使用和规范管理，需要制定相应的使用规范和管理制度。这些规范和制度应该明确使用者的权利和义务，规定区域的管理和维护方式，确保区域的正常运行和使用效果。

（4）推广和宣传区域：为了让更多的教师了解和使用这个区域，需要进行推广和宣传。通过学校内部通知、教师培训、教学研讨会等方式进行宣传，教师的参与度和使用效果可以得到提高。

（5）持续改进和优化：区域建立后，需要不断地改进和优化，以满足教师不断变化的需求，提高使用效果。此外，还可以通过调查问卷的形式收集教师的反馈和建议，对区域的功能和管理进行改进和优化。

通过资源建设，教研组可以提供更加丰富、多样的教学资源，包括课程资料、教学课件、案例分析等。这些资源能够帮助教师更好地备课、上课，提高教学质量和效果。资源建设需要教师进行交流、研讨和分享，这个过程可以促进教师的专业成长和发展。通过共同探讨教育教学问题，教师可以不断更新教育观念、提高教育教学能力。资源建设的一个重要目的是实现教学资源的共建共享，这样可以避免教学资源的重复建设和浪费，提高教学资源的利用效率。资源建设还需要关注教育教学的最新发展和改革趋势，通过探讨和研究新的教学理念和方法，推动教育教学改革的深入开展。

第二节 教研组教师发展

聚焦教研组教师发展，是助力教师成长的学习共同体。教研组的建设和发展，关系着教师的自我建设和发展，也关系着学校的建设与发展。教师、教研组、学校三位一体的高品质建设与发展格局是彰显学校办学实力、魅力、影响力的强大支撑，更是学校持续高品质输出的保障。在教研组中，每个教师既是独立的个体，又是学习共同体中的一员。全员成长，和而不同，各美其美，美美与共，让每一位教师走向更高，走得更快，走得更远。

一、个人发展：不断前行展风采

（一）教师成长之路

1. 专业学习

教师的专业发展需要有个人的专业发展规划作为基础，设定职业生涯不同阶段的发展目标，确定个人的发展方向，通过自我完善、同伴互助、专家引领等方式，实现专业成长。

专业知识的积累是教师教学能力提高的基础，教师专业成长过程中的学习，一是加强理论学习，包括教育学、教育心理学、教学论、教学设计原理等普适性教育教学理论，以及学科课程标准、学科教学论等纲领性文件和学科教学专业理论，具备一定的教育教学理论修养；二是向他人学习，通过参加各类学术活动，学习专家、同行的最新研究成果。正如于漪所说的："现代教学中，教师的教跟学生的学在一个平面上移动，学生是不服你的！你一定要棋高一着，也就是说在深度上要挖掘，在广度上要开拓，你对学科发展的前沿、对学科的走势、对学科的来龙去脉要有所了解。"学习是教师职业生涯不可或缺的，通过学习来提高自身理论修养，力争达到"满腹经纶"，是教师自主发展的阶梯。[1]

2. 行动实践

实践是检验真理的唯一标准。备了一节好课并不等同于呈现出了一节好课，因为每一节现场课的每个瞬间都考验着教师的教育智慧。在教学实践过程中，教师首先要明白，教育的首要意义不是让知识发生，而是让关系链接。如何让教育场发挥最大的能

---

[1] 赵广宇、徐勇、张佳妮等：《中学生物学实用教学论》，北京师范大学出版社，2022年版，第39~40页。

量、滋养、激发每个人的自我认知和发展，是教师在教育教学过程中需要潜心研究的首要课题。学情不一样，学习目标就不一样，学习效果也就不一样。教师要弄清楚学生的学习起点，尊重教育规律，依据课程标准，以学生乐于接受的形式将学生带往学习的终点，达到学习进阶的目的。如何在教育教学过程中培养学生的正确价值观、必备品格和关键能力，是教师要深入思考、融入教育教学实践之中的新时代教育课题。

教育教学的过程，一定是要解决学生的"真问题"。"真问题"来源于生产生活等真实情境，是培养学生解决复杂问题的载体。身为教师，要通过亲身探索并践行一句话：教师的站位引领着学生前进的方向。新课程改革要求"内容聚焦大概念"，四川省作业设计比赛倡导"大单元""大概念"教学，其中的"大"可包括大主题、大目标、大情境、大任务、大活动、大作业、大评价等，其含义指向高位、上位、深度、广度、总体、全面、宏观、博大、多样、多元、系统、整体等。在解决"真问题"的过程中，教师要引导学生聚焦核心素养、聚焦大概念，进而培养学生的关键能力，通过训练获得问题解决的方法和技巧。

在教育教学过程中，教师要落实"立德树人"根本任务，将正确育人理念下的素养本位论与教学、实践相结合，让学生形成认识世界、改造世界、创造世界的系统观和方法论，最终让学生因思维而成长、因思维而创造。

3. 进阶反思

教师的反思主要包括如下几个方面：①对学科知识教学的正确性进行反思；②对教学内容的"多讲、少讲、精讲、不讲"进行反思；③对教学目标的完成度、效度、信度进行反思；④对教学过程进行反思；⑤对"教学智慧"进行反思。众多反思内容中，教师应该首要关注对"教学智慧"的反思。在新时代教育背景下，教师要有敏锐的教育智慧，力求抓住每一个教育契机，让每一次与学生的眼神聚焦、心灵沟通都成为师生之间灵魂的相遇。另外，在"情境式"教学、"驱动性问题"课堂教学中，教师还必须要有敏捷的课堂观察能力，及时发现、肯定并回应学生的"思维火花"和"灵光乍现"，也要在恰当的时间将学生的思维拉回预定的教学目标。

专家是教师专业成长与变化的引路人，更是撬动区域教育改革、抓成果本质、促教师内驱、重研修转化的先行者。多与专家交流，多向专家学习，多听专家报告，多学专家经验，教师所遇到的教育教学疑难就有可能在一瞬间"拨云见日"。

教学反思、专家交流，对教师而言，本质上是一种"输入"。只谈"输入"不谈"输出"，教师自我发展的成果就不能实现共建共享，不能产生区域辐射效应，更不能形成教育教学资源传承，也就不能在更广阔的时间与空间内形成教育教学生产力。在新媒体时代，教师自我发展的成果"输出"平台有很多种，如微信公众号、新浪微博、抖音、腾讯课堂等。"输出"，是为了分享，为了反馈，更是为了成长。从某种程度上讲，教师的"输出"可对学生产生思想引领的作用。教师持续不断地对社会"输出"，见证的是教师的专业精神、敬业精神、爱业精神，也是用实际行动引领学生践行"独行快，众行远"的思想信念。

（二）关注个性发展

教师的教育理念决定着学科教育的境界与高度，教师的专业功底决定着学科教学的深度，教师的情感与投入决定着学科教育的温度。由于建立途径是一个过程，因此建立在高度、深度、温度的学科教学之上的育人高度、深度、温度，是卓越教师个性化和持续性专业发展的重要途径。

教师的个性发展，立足于教师的个体特长，教师要发掘自身的优势，形成个人教学风格。教师可根据自身兴趣选择特定教育领域进行深入学习和研究,以提升自己在该领域的专业能力,再根据自己的职业目标制订相应的专业发展计划,通过持续学习和实践逐步实现职业目标;同时还要根据外部环境的变化,优化自身专业发展的具体措施,适应职业发展需求。教师个性发展的培养路径多种多样,而专家"把脉"和"传帮带"是不可或缺的高效途径。比如:①"专家进课堂"发展模式,从教师本人的独特经历、特殊实践出发,立足于教师本人的课堂,打通一线教师在教育教学理论与教育实践之间的壁垒,提升教师综合素养,为个性化发展铺垫基石。②"专家引领的研学助教"发展模式,专家对教学可能遇到的问题的处理方法进行"课前指导",强调从学生学情中学习如何教,凸显"独特的经历和特殊实践"这一教师个性化特征;专家在行动前作指导、在行动中作指导、在行动后作指导,实现对教师教学行为指导的"全覆盖"。③专家引领的"现象为本"课例研修方式,强调使用观察技术和工具收集数据,通过呈现和讨论来自研究课的数据,从中揭示对未来教学的启示,在促进教师知识积累、教学技能提升方面效果显著。

教师个性发展需要教师专注研究自身的教育教学实践在何种情况下有效、为什么有效、怎样做才有效。教师个性化和持续性成长的关键是个人实践和专家支持,需持续地聚焦学生问题,以现象为本,开展课例研修及持续反思。因此,如何结合教师自身特点,依托校园文化建设,回应时代要求,设计教师个性化和持续性专业发展模式,并在此过程中彰显学科育人价值,是每一位教育工作者都应该思考的时代命题。

二、团队发展:共促成长获益多

(一)提振团队精神

教师在学科团队中成长,在团队发展中促进个人进取,获得职业发展。传统意义上，教研组的基本职能是完成学科教学任务。教研组作为学科团队，提振团队精神、打造积极向上的学科组文化，具有重要意义。教研组以团队力量探索和解决实际教学问题，便于了解教师的需求，使教研活动适应教师的发展需要。

加强团队文化建设，建设氛围和谐、协作互助的学科团队，可通过开展教师沙龙、读书汇报、专题论坛等形式多样的主题活动来实现。例如，开展自主学习活动，能增强教师主动参与意识；开展细说专业成长历程、品说教研故事、畅谈专业发展理想等活动，有助于教研组建立真诚的人际关系；梳理读书心得、建构自己的教育思想，能够促进形成"百花齐放、百家争鸣"的学术氛围。这些活动的开展可以丰富教师的学习内涵和底蕴，提振教师的精气神，加强团队建设，增强教研组的集体荣誉感。

（二）理顺工作主线

教研组等学科团队是教师发展的主阵地。教师日常教育教学事务繁多、任务琐碎，因此，对于认清工作主线、达成发展目标，面临着挑战。教研组要明确教师的专业发展目标，确立教学、教研、科研等工作的发展方向，厘清思路，集中精力投入教师专业发展事务，寻找教师职业幸福感。

教研组要有序开展集体备课工作，钻研教学进度、教学重难点，分析疑难，寻求突破；要加强开展组内转转课、师徒公开课等形式的课程，加强开展教学研究；要设立"教研日"，开展形式新颖、实效性强的教学研讨活动，反思交流教学情况，思考研讨教学内容；要通过同课异构、课例研讨、专题评课等，利用教学研讨、教学观摩、教学反思、案例分析、问题会诊等，在实践与摸索中找到解决问题的途径。在教研活动中，教研组组长要介绍教研活动的情况，并把小组内遇到的难以解决的问题提交到教研组会议上进行讨论。启动教研组微专题研究，每学期由教研组围绕一个微专题有序开展研讨,建立微课题,加强科研探索。

(三)搭建学术共同体

教师不仅可以依托教研组加强专业学习,获得职业提升,还可以加入各级各类学术共同体,发挥个人才能,磨砺专业成长,促进个人发展。学校通过搭建学科名师工作室、学科教师发展基地等平台,打造青年教师成长营、骨干教师锤炼营、卓越教师修炼营等分层分类的学术团体,辐射平台智慧和名师能量,孵化名师优师。

充分发挥学科名师工作室和学科教师发展基地的正向带动作用。名师工作室要成为研究的平台、成长的阶梯、辐射的中心、师生的益友,一方面需要工作室成员在导师的引领下实现各方面的自我成长;另一方面需要工作室成员成为学科教学的示范者和青年教师成长的帮扶者,在教学风格和特色上下功夫,灵活地、有技巧地驾驭课堂教学,钻研教育教学问题,探索科研高地。在学科教师发展基地的建设中,以教师专业发展为核心,注重提高教师的教学能力和学科研究能力,推进学科教学改革和课程建设,提高学校学科教育的质量和水平。教师借此平台积极参与学科活动,通过名师榜样作用,扩大教育的影响,薪火相传,共同面对前沿教育问题,实现教育理论和教育实践的统一,促进业务水平的快速提升。

学校结合教师的教育追求和教师队伍的特点,践行教师自主成长模式,引领教师梯队成长,全方位关注教师德育、教学、课程、科研、信息技术等方面的专业精进。这样做,一是提升教师教育教学专业素养和能力,帮助其成为合格教师;二是进阶提升教师教育教学专业主张,帮助其成为骨干教师;三是进一步提升教师教育教学专业品格,帮助其成就名优教师。根据这些阶段性特点,为教师设立青年教师成长营、骨干教师锤炼营、卓越教师修炼营等学术团体，分层培养，进阶成长。其中，青年教师成长营，构建名师引领、经验分享、主题沙龙、课堂打磨、专题研讨等多种交流互动平台，目标定位为"一年合格、三年骨干、五年优秀"，以赛代培，以校级、区市省基本功大赛、评优课等为磨砺平台，成为校内优秀的学科教师、优秀青年教师、优秀营员，为市区级教坛新秀、教学能手等储备力量。骨干教师锤炼营，骨干教师精力充沛、能力全面，是学校发展的"中坚"力量。采用"项目制"管理模式，通过与市教科院、集团校、联盟校等单位密切合作，培养"星级教师"、优秀班主任及教研组组长、备课组组长、行政管理后备人员等。卓越教师修炼营，由教师自主申报、年级部门考核、学校学术委员会研究等程序确立人员，以"项目研究"为依托，组建卓越教师修炼营，为教师设定目标——成为省市特级教师、学科带头人、学科领军人物、名师工作室领衔人等，制定个性化发展方案。

构建专业学习共同体，使成员集思广益、共同努力和配合解决实际问题，强调围绕实际问题开展合作式的反思与学习，并最终指向问题解决，能够有效弥补传统教师发展课程的不足，以学术共同体的方式解决教师专业发展中的实际困惑，实现教师个人的高位发展。

（四）积淀研修成果

1. 培养成果意识

科研发展是教师迈向新的专业高度的重要一环。教师要在科研上有所建树，首先要从思想上重视科研成果的培育，要正确认识科研与教学的关系。在基础教育阶段，一线教师的科研是为了更好地指导教育教学工作，高质量地解决教育教学中的问题，完成从实践到理论，再由理论指导实践的辩证循环。教师在教育教学工作中遇到的各种各样的问题，如新课程改革、现代教育技术应用、教与学的关系、后进生的转化、德育管理、教师队伍建设等，都是科研的研究对象。这要求教师能够用研究的眼光去观察、发现问题，用提高教育教学质量的目的去分析问题、解决问题。教师找准问题的切入点，采取行之有效的研究方法和手段，进行专题研究，由此开启科研之路。

2. 加强成果提炼

教师的成果提炼，需经历时间的积淀和智慧的凝聚。首先，教师需加强专业学习。教师要想提高业务水平，就要勤于学习，博采众长，善于思考，学习先进的教育思想、教育理论，坚持书写所思所感所悟，提高业务理论水平，提高分析问题、解决问题的实际工作能力。其次，要发现问题，及时总结。要形成高质量、个性化的成果，教师需要具备发现问题的敏锐性，同时还要及时了解所研究内容的前沿动态和已有的理论成果。利用一切学习机会改善自身的知识结构和能力结构，积极参与教育教学研讨活动，在交流讨论中更新观念，将好的想法科学地、准确地表达出来。学校要创设科研平台，营造有利于科研的宽松氛围，引导教师走上科研兴教之路。采取"专家引领、点上突破、面上辐射、凸显特色"的科研思路，进行专题培训，由专家引领教师学习科研步骤与方法，打破科研壁垒，帮助教师走向问题型课题研究，进一步提高教师的科研意识和水平。此外，学校还要实施政策激励、全力支持，如提供丰富的资料、科研设备、专家支持，拓宽科研视野，提高科研水平。

3. 促进成果展示

搭建教师科研展示的平台，促进教育科研交流，为教育科研成果的发表与推广创设条件，为教师提供展示个人才华的机会，充分促进学术观点的碰撞、科研灵感的迸发。例如，召开学校层面的科研汇报会，区域层面的成果展示交流会、年度科研大会等，以丰富的形式、多样的活动，推动教师展示科研成果，交流科研心得感悟，形成浓郁的科研氛围，促进成果孵化。

三、教师成就：多点开花香满园

（一）教师成果荟萃

教师通过钻研专业领域知识和不断学习，取得耀眼的专业成果，多点开花，绽放职业光彩。教师成果的呈现方式多种多样，如赛课、论文评比、教案设计、作业设计、课件设计等，以及日常参加专题讲座、公开课、展示课、名优评选等。教师专业成果的展示及表彰对于教师的发展和职业认可起着非常重要的作用，可以激励教师不断提升自己的教学能力，更好地服务于学生、家长和学校。学校可以通过举办专业展示会，对教师专业成长予以表彰，展示、分享教师的成果、荣誉。教师在专业展示会上展示教学成果，促进教学创新和实践；教师之间分享成长故事，开展交流合作，促进共同成长。

（二）以评价促发展

教师的专业发展离不开学校评价机制的保障。学校要根据师生发展情况修订评价制度，做到科学、合理、民主、公正，真正起到导向、激励、调控的作用，促进教师整体素质的提高。因此，学校评价制度要遵循发展性原则、全员评价与全面评价原则、定性评价与定量评价相结合原则、科学性原则。评价要注意如下几项基本要求：评价依据客观性，即采取客观的、实事求是的科学态度，以充分的事实为依据，运用科学的认识工具，做出客观的科学判断；评价目标导向性，即保证学校工作的正确方向和提高教育质量；评价过程激励性，即增强教师的事业心、责任感、挑战感和成就感；评价手段可操作性，即评价指标体系的可判性和可行性，评价的全过程能为教师理解和接受，评价工作与学校的管理制度和要求相一致。

评价的实施可以分为三阶段：月考评、学期考评、学年考评。专业项考核由学校相关行政处室、年级组分工协作进行，提供该项考评的资料、数据等，供领导小组参考评价。为激励教师多出成果、出好成果，学校每年可针对教师科研项目划拨专项资金，用于对科研获奖和著作出版的全力支持和奖励。此外，学校还可以通过学术沙龙、新书课堂、教师新书发布会、现场互动、媒体连线等多种渠道，积极宣传和推广教师的科研成果，助力更多教师提升专业素养，扩大专业品牌影响力。在名师的影响和引领下，在"目标、行动、考核、评价"的培养机制下，新生代教师通过学术引领、潜心研究，促进向新生代名师的成长。

（三）构建教师成就阶梯

教师的成长需要日积月累，也需要学校搭建成长阶梯，帮助教师成就职业梦想。从教师成长阶段来看，要根据教师发展阶段来划分类别，精细化培养，对新入职教师、骨干型教师、名师型教师、教育家型教师等不同发展阶段的教师设置相应的培训课程，进行分类型、多载体的培养。从发展平台来看，搭建逐级发展的平台，如名师的发展可由校本研修坊逐级晋升到区级、市级、省级学科发展基地和工作室，有明确的进阶平台和可展望的目标，激励教师向前一步一个脚印地迈进。从学校管理来看，实施人性化管理。首先，以人为本，尊重教师，给予他们信任，赋予他们责任，让他们参与管理，发挥主动性。其次，协调管理，创设良好的氛围和条件，使师生能与团队、与社会和谐共存，协调合作。最后，动态管理，学校工作既要维系现有的平衡，又要有发展潜力，注重学校的可持续发展，在实现一个目标的同时，为下一个目标奠定基础，使学校工作始终处于动态平衡状态。

教师专业发展离不开教师主体作用的发挥和团队给予的支持，积极主动的发展意愿与行动是实现教师专业提升、优化教师队伍结构的内生动力。优秀的团队是孵化教师成长的基地，通过构建良好的团队学习氛围，提振团队精神，增强教师主体的自觉成长意识与诉求；厘清工作思路，明确工作主线，更新理论知识结构，展开教育教学反思，促进教师间交流学习，为推动专业发展提供保障；借助学术团体的有力支撑，促进个性化、创新性教学实践与研究，增强教师职业认同，养成自我发展意识并提升自我效能感，激发教师的专业发展活力。

第四章　教研组活动模式、特色成果及建设经验

教研组活动应当综合考虑教育教学过程中的各个要素，着眼于教育教学的优化、提升。抓住课堂教学过程中教与学这一对主要矛盾，以教研组活动研究优化教学过程，提高教学效益。教研组活动应当着眼在真问题、真研究和真拓展中促成教师发生真学习、真收获，探索和建构以学习为中心的教研新样态。

第一节　教研组活动模式

教研组活动对教师专业发展起着引领和支持的作用。教研组活动是教学研讨的重要载体，是增强教研组教育科研效能的有力保障。探索、凝练有效的教研组活动模式，能够明确每次教研组活动的目的，加深教研组活动的"研"度，提高教师的参与度。

下面分享四种教研组活动模式及相关课例：一是课题导向式"研究型"教研，指向教研组深度研讨机制，通过凝练教研成果，提升教育科研的理论高度。二是问题导向式"焦点型"教研，指向教研组精准发力机制，通过解决真实教学问题，切实提升一线教师的教育教学能力。三是发展导向式"反思型"教研，指向教研组动态反馈机制，通过对教学实践的评议反思，优化教学策略，培养反思型、研究型、发展型教师。四是融合导向式"创新型"教研，指向教研组合作共享机制，通过资源整合、集思广

益、群策群力，建设协同共进的教师发展共同体。

一、课题导向式"研究型"教研

课题导向式"研究型"教研是一种主要以课题为导向的教研模式。以"研"为着眼点，围绕一个教育科研问题而展开，遵循教学研究的一般程序和基本规范。课题研究、撰写报告是研究活动的主线，发现和创新是研究的重要途径，也是检测研究效果的依据。活动形式以课题研究小组为主，研究效果的主要呈现样式为课题研究报告。"研究型"教研着力于深研，深度剖析一线教师在教育教学过程中遇到的真实问题，找准解决问题的方法与策略。

（一）教研活动模式

课题导向式"研究型"教研根据教学的需要设定明确的研究目标和研究问题，确定课题的研究点及研究价值，并结合"研究型"教研的典型特征，在切实可行的研究模式中解决真实的教学问题。

1. 典型特征

与"教学型"教研相比，"研究型"教研主要有如下特征：①研究问题的针对性。"研究型"的课例与课题是以问题为载体的，问题来源于研究者的询问、发问和追问，分为理论问题和实践问题，"研究型"教研是有针对性地对真实教学问题进行研究和跟进。研究课题是围绕教学活动中重难点等具有普遍性的问题来确立的，"研究型"教研的课题在于深入规范地研究，从而化解教学难点、重建教学模式、改进教学方式等。②策略的科学性。研究问题明确后，就要进一步分析导致问题的原因。教师在大量阅读相关理论知识和学习他人理论实践后，能够持续科学地规划解决问题的方法和步骤，并形成科学而全面的策略模式。

2. 教研的一般模式

"研究型"教研的一般流程如图 4-1 所示。

| 第一阶段：课题先行，剖析研究价值 | ⇒ | 第二阶段：课例跟进，研学践行 | ⇒ | 第三阶段：专家点评，精准指导 | ⇒ | 第四阶段：培训提升，助力专业成长 | ⇒ | 第五阶段：行为跟进，不断研学 |

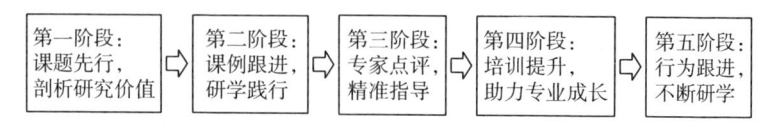

图 4-1　课题导向式"研究型"教研的一般流程

第一阶段：课题先行，剖析研究价值。对标课程标准，分析教材与学情，找准研究问题，体现研究的价值。第二阶段：课例跟进，研学践行。通过课例的展示，践行课题的研究成果，在真实的教学实践中，围绕教学问题，甄选研究方法与教学模型，进行课堂展示。第三阶段：专家点评，精准指导。专家团队结合课题研究和课例展示，对标研究课题目标和课堂教学行为，进行深度探讨。第四阶段：培训提升，助力专业成长。根据教育教学实际，专家团队对教学方法、教学策略、教学模式等做深度剖析和指导。第五阶段：行为跟进，不断研学。"研究型"教研是一个不断学习、修正与改进完善的过程，持续性研究是"研究型"教研的常规模式。

（二）课例：科学论证推动概念学习进阶的课堂实践研究

第一阶段：课题先行，剖析研究价值。

（1）新课程改革对学生的学习深度和学习方式提出新要求。

新课程改革强调以培养学生核心素养为宗旨，内容聚焦"少而精"的大概念，高度关注学生的学习过程和实践经历，并对学生的学习深度和学习方式等提出新要求。

从学习深度来看，新课程标准要求学生对大概念有一个由浅入深的学习与理解，最终内化形成相应的观念，成为核心素养的一部分。这需要通过概念学习进阶去实现。从学习方式来看，新课程改革强调学生在主动实践的过程中掌握科学探究的方法，发展科学思维。而科学论证是科学思维和科学探究的核心，学生在科学论证的过程中，努力建立起证据与主张之间的联系，提升逻辑论证能力，从而促进核心素养的形成。

（2）学生终身发展的实现依赖教学策略的提升。

在单一教学策略下的机械重复，带来的是学生对概念的浅表性认识，缺乏对概念的深度建构，不利于学生的终身发展。而高质量的论证教学要求教师综合运用多种教学策略，引导学生针对一个科学的问题提出观点、寻找证据、批判质疑、推理反驳。在此过程中，学生的论证能力在教师的有效教学下伴随概念学习进阶而逐步提升，进而使科学思维得到发展。

第二阶段：课例跟进，研学践行。

教研组以课题研究为抓手，集体打造"科学论证推动概念学习进阶的课堂实践研究"的课例。在真实的课堂教学中，教研组通过集体观课、议课、评课等教研活动环节，在交流研讨中不断修正与完善课例，从而提升教研组教师的专业能力，提升教研组的学术氛围。

例如，教研组设计"基因通常是有遗传效应的 DNA 片段"的新课例，授课教师为北京第二外国语学院成都附属中学的侯艾君老师。侯老师首先通过 CS3 基因异常导致水稻黄化的资料提出核心问题：基因与 DNA 是什么关系？CS3 基因异常为什么会导致水稻黄化？基于情境，关注社会热点，结合生活实际，使学生获得丰富的理性知识，促进感知概念。其次通过资料、实验现象提出主张→反思实验现象提出质疑→分析资料、建构模型后认可主张的教学环节，帮助学生深度理解 DNA 储存大量遗传信息的原因，论证基因具有多样性和特异性，促进自主建构概念。最后回归到课前 CS3 基因导致水稻黄化原因的探讨，引导学生应用本节课的学习内容去解释该现象，并探讨、调查和汇报 DNA 指纹技术在生活中的应用，加深概念的应用。学生在充分的资料分析、模型建构等活动中收集有用信息，论证主张，有效建构生物学概念。

在上述课例的展示中，教学设计各环节紧紧围绕教研组的课题研究成果，贯彻论证教学流程，遵循循序渐进的原则，实现概念的学习进阶。

第三阶段：专家点评，精准指导。

专家团队结合课题研究和课例展示，对标研究目标和课堂教学行为，进行精准指导。四川省中学正高级教师、特级教师赵广宇老师针对侯老师的课堂表现，以及该课题研究的意义和教学理念等方面提出了中肯的建议。他指出，在事实的基础上立足问题，运用科学论证的方法，采用不同的教学策略，使学生掌握建立概念的思维方法，从而增强对学生科学思维能力的培养。但是，如何在建构概念的过程中揭示概念间的相互关系，明确概念的内涵和外延等，仍值得深入探讨。这些都需要教研组在不断的资料查阅和理论学习中提炼概念的内涵，界定概念的外延，进而找到解决问题的策略。比如，摒弃"以考定教"的错误观念，改变错误的教学行为，思考教育教学的终极目标；在实践中不断反思，探索教学活动的规律；学会在科学的理论指导下形成正确、良好的教学技能，以便形成正确的教学行为等。

第四阶段：培训提升，助力专业成长。

根据教育教学实际，专家团队对教学方法、教学策略、教学模式等做深度的剖析和指导。在成都市金堂县淮口中学开展的"基于概念学习进阶的教学策略的研究"主题教研活动中，笔者做了题为"基于概念学习进阶的教学策略——以生物学科为例"的专题讲座。首先，笔者将自身实践和教学理论相结合，基于概念学习进阶理论，构建了"基于思维进阶的概念逻辑建构模型"，该模型分为"情境认知，建立表象""概括抽象，建构概念""深度分析，理解概念""迁移应用，重组结构"四个过程。同时，笔者结合丰富的课例逐步分析该模型的操作方法。其次，笔者分享了四个基于概念学习进阶的教学策略：以大概念"生物的多样性和适应性是进化的结果"为例阐释了 PBL（Problem-Based Learning，即问题驱动式教学）策略，以多个科学史的资料为例阐释了 HPS 模式（History, Philosophy and Sociology of science teaching model，即结合科学史、科学哲学和科学社会学的教学模式），以"生物进化"为例阐释了 CER 模式（Claim, Evidence, Reasoning model，即基于主张、证据、推理的论证模式），以染色体结构变异为例阐释了 APOS 理论（Action, Process, Object, Schema theory，即基于活动、程序、对象、图式的教学理论）。笔者一方面归纳了基于真实课堂的概念学习进阶的教学策略，另一方面概括了教师物化成果的路径，通过实践专业培训，助力教研团队的专业成长。

第五阶段：行为跟进，不断研学。

"研究型"教研是一个不断学习、修正与改进的过程，持续性研究是"研究型"教研的常规模式。将课题研究与课堂教学进行有机结合，是开展教育科研工作的有效途径，聚焦课堂和课题，以科研课题引领课堂教学改革，通过课堂教学方式的转变促进教师教学水平的提升，有序推进新一轮课程改革。教研组根据每次教研活动的要求，评估课题研究的科学性，修正课题研究中的错误，增强课题研究的深度，并不断践行教研的宗旨：学术教研，不断研学，把握专业的高度，拓展专业的宽度。

(三) 课例点评

首先，"研究型"教研能够激发教师发现教学难点的意识，并在解决问题的过程中更新知识、拓宽视野、提高思辨能力、丰富教学经验、创新教学方法、提升教学技能，从而促进教师专业知识的积累。其次，"研究型"教研可以推动课程的改革和发展，通过钻研，教研组可以了解新课程改革的理念，掌握相关教学资源和工具，参与教学设计和实施，反思教学评价和改进，形成学习共同体。最后，"研究型"教研能够加强教研组的深度思考，提高教研的质量。在"研究型"教研中，教师可以通过课题研究、课例展示、专家讲座等方式对研究的内容"取其精华，去其糟粕"，并在不断的研学中，提高教研的深度，同时也提升教师的综合素质。

二、问题导向式"焦点型"教研

问题导向式"焦点型"教研是一种问题导向式的教研组活动模式。一线教师在教学实践中遇到的实际问题就是教研的原动力。"焦点型"教研旨在聚焦教学的关键问题，建构有针对性的问题解决策略，并在系列教研活动中经由"实践、改进、再实践"的研究路径，探索出最有效的改进策略。"焦点型"教研构建了教研组精准发力的机制，通过解决真实教学问题，切实提升一线教师的教育教学能力。

（一）教研活动模式

问题导向式"焦点型"教研活动模式始于课堂观摩、师生访谈、问卷调查等实地调研，探寻与剖析教学中亟待解决的典型问题，探讨与建构问题解决策略，精心设计有针对性的教研活动主题，在教研实践中优化问题解决策略，总结出可推广的教学策略，并不断地在教学实践中做检验，促进课堂教学质量的进一步提升。

1. 典型特征

问题导向式"焦点型"教研具有如下特征：①问题的导向

性。"焦点型"教研问题的提出,源于一线教师真实的教学实践,教师通过对比学生学习效果与预设教学目标的差异,提炼日常教学中的真问题。提出问题的过程能够激发教师主动参与教研的积极性,引领教师提升教学能力和专业素养,推动教研组的专业发展。②策略的科学性。"焦点型"教研问题解决策略的建构源于学习相关教学理论和借鉴他人的研究成果及成功经验。教师在阅读文献资料、品评优质课例、深研专家讲座的过程中,将相关的教研成果运用于对教学实际问题的解决。③教研的常态性。"焦点型"教研的关键在于基于证据的教研改进、反思、优化,让持续性学习与反思性实践相互促进,是一种开放、动态、发展的教研常态化模式。

2. 教研的一般流程

问题导向式"焦点型"教研的一般流程如图 4-2 所示。

第一阶段：实地调研，剖析真实的教学问题 ⇒ 第二阶段：集思广益，建构问题解决策略 ⇒ 第三阶段：精心打造，践行教研活动方案 ⇒ 第四阶段：知行合一，反思优化解决策略

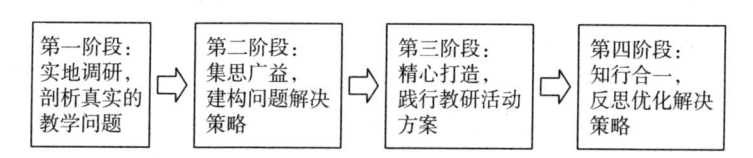

图 4-2 问题导向式"焦点型"教研的一般流程

第一阶段：实地调研，剖析真实的教学问题。教学问题应具有真实性、普遍性、典型性等特点,能够响应课堂教学改革发展的方向,切中一线教学的难点和痛点。第二阶段：集思广益,建构问题解决策略。围绕焦点问题,通过文献调研、专家访谈、教师座谈等方式,在调查循证中梳理出问题解决的有效路径,初步建构问题解决策略。第三阶段：精心打造,践行教研活动方案。基于问题解决策略,开展渗透核心理念的课例展示、说课分享和教研讲座等,通过集体交流研讨加深对问题解决策略的理解,并凝练出具有可操作性和可推广性的教学策略。第四阶段：知行合

一，反思优化解决策略。教研活动结束后，与会教师在日常教学中应用该策略进行广泛的实践研究，反思、检验策略的有效性，优化策略并运用于下一轮教研实践。

（二）课例：基于概念学习进阶与科学论证整合的教学策略研究

第一阶段：实地调研，剖析真实的教学问题。

"三新"改革倡导学生从解题走向解决问题，这对学生在真实情境中解决问题的能力提出了更高的要求，同时也暴露出一些高中学生存在的问题：高一学生机械记忆概念，难以基于事实与证据提出主张；高二学生欠缺应用能力，虽能够提出主张，但无法提供直接或间接证据进行科学论证；高三学生容易混淆相近概念，欠缺整体思维，难以对论证过程中的依据、原因、理由等进行科学表述。以上教学问题都指向概念学习进阶意识薄弱和科学论证能力的缺失。

第二阶段：集思广益，建构问题解决策略。

针对上述教学问题，教研组初步提出"基于概念学习进阶与科学论证整合的教学策略研究"的教研计划。教研组有针对性地进行概念学习进阶与科学论证整合的相关理论学习，比如集体观看并研讨"科学论证与论证教学"的专家讲座。

在当下的科学教育中，科学探究常常被窄化为设计实验，固化为高考应试的万能模板。教师应当放手让学生去设计实验，重点应放在预期的结果和结论。如果没有论证，探究将是一个空壳。为了避免这种情况的发生，教师可关注如下三个方面：第一，论证课堂的提问方式有所不同。在论证课堂上，教师更多采用开放式问题引发学生思考，让学生成为思考问题的主体。这不同于传统教学的一问一答，论证课堂中不仅有师生论证，还有生生论证，呈现出"教师—学生—学生"或者"学生—学生—学生"论证的特点。第二，论证课堂鼓励学生的批判性思维。学生在提供正面证据的同时，也需要预测可能面临的质疑。科学论证是理性的批判性活动，需要支持性和反驳性的观点来相互辩驳。第三，论证课堂启发学生的多元思维。传统课堂的思维方式通常以解题思路为主导，目的在于应试提分，而不是解决真实问题。真实情境的问题通常是复杂的、多元的、全方位的，教师应当鼓励学生从多角度去进行思考与论证。

第三阶段：精心打造，践行教研活动方案。

教研组集体打造"基于概念学习进阶与科学论证整合的教学策略"的研究课例——新授课"细胞核的结构与功能"，授课教师为成都市郫都区嘉祥外国语学校谢婷老师。谢老师首先借助央视网、北青网等关于熬夜危害的最新报道导入新课并提出问题：熬夜为什么会让人变胖、变丑、变笨？以此激发学生的学习兴趣。随后，谢教师将教材中关于科学探究的材料进行重组和重构，引导学生从阅读资料—提出主张—大胆质疑—积极辩驳—认可主张—完善主张等环节，亲历细胞核功能的探究历程，并对重要概念进行建构与总结。为了突破本课程的教学重点与难点，谢老师引领学生阅读资料，明确细胞核的结构，利用课前准备的材料建构细胞核的物理模型，力求做到有理有据地完成模型建构。最后，谢老师通过对"时钟基因"的介绍回扣课前问题，利用2017年诺贝尔生理学或医学奖三个科学家的研究成果完美解释了熬夜会让人变胖、变丑、变笨的原因。

经过教师说课和集体评议，教研组达成如下共识：

第一，渗透科学论证，培养实证意识。在细胞核结构的教学中，谢老师列出了五则相关的科研资料，为学生逻辑推理提供证据。在细胞核功能部分的教学中，谢老师将重点放在了变形虫切割实验和伞藻嫁接实验。教学思路为：基于实验现象提出主张→反思实验设计提出质疑→设计新实验完善、认可主张。在变形虫切割实验中，学生提出怀疑：切割过程可能导致机械损伤，是否会影响变形虫的生命活动？解决方案为钩针实验，既能论证细胞核的功能，还能引出核质依存的观点。在伞藻嫁接实验中，学生提出怀疑：该实验只能说明假根能够控制细胞的形态建构，不能说明这是细胞核的功能。解决方案为核移植实验，从中有机渗透单一变量的实验设计原则。

第二，唤醒前概念，推动概念进阶。在归纳细胞核功能时，学生往往难以将细胞核具体的功能对应到"代谢"或"遗传"上。谢老师用相关链接的方式列出了初中教材中细胞代谢和遗传的定义，唤醒了学生的前概念，从而推动学生的概念进阶。谢老师在总结细胞核功能这一重要概念之后，再用问题串的方式引导学生继续思考细胞核结构与功能的相关性，从而落实生命观念中的结构与功能观。

第三，创新模型建构，整合结构和功能。谢老师用泡沫球代表细胞核，切去 1/4 用于展示内部结构；用扭扭棒代表染色体，中间缠绕着代表组蛋白的卡扣；用一大一小的两个彩色小球代表核仁；用若干黑色圆形贴纸代表核孔，学生可选择张贴的数量。这样的材料包为学生提供了多种选择，并为展示交流环节埋下伏笔。展示的同学说，自己做的是一个代谢旺盛的细胞，核仁选择了大球，核孔数量也贴得很多。此时，谢老师用另一小组的模型进行对比，展示代谢不旺盛的细胞在核仁和核孔上数量的差异。这样的模型建构活动深度渗透了结构与功能观。

第四阶段：知行合一，反思优化解决策略。

教研组在新授课教研的基础上，继续探索"基于概念学习进阶与科学论证整合的教学策略研究"在单元复习课中的运用，打造研究课例——"抗疟之战——'细胞的物质输入与输出'单元复习及应用拓展"，授课教师为成都市树德中学光华校区王阳兰老师。

王老师选用我国科学家研究青蒿素对抗疟疾的艰难历程，引出疟疾的病原体疟原虫，进而依次提出四个子问题，并围绕每个子问题设计相应的学生活动。学生通过小组合作学习和教师引导，逐步理解了疟原虫对奎宁和青蒿素形成抗药性的原理，并在此基础上尝试提出抗疟新药的研发思路。

经过教师说课和集体评议，教研组达成如下共识：

第一，依托情境教学，提升综合分析能力。本节课以人类与疟原虫的三次战役为主线，利用"奎宁对战疟原虫"和"青蒿素对战疟原虫"的相关资料分析，分别复习主动运输和胞吞作用；设计"新药物对战疟原虫"的开放性讨论活动，复习被动运输。通过对情境资料的分析，学生的信息提取和综合分析的能力得到锻炼，运用概念解决实际问题的能力得到发展。在判断疟原虫排出奎宁的运输方式时，引入CER论证模型，由教师引导学生依据资料呈现的间接证据论证自己的主张，再通过设计实验获取直接证据巩固自己的主张，从而培养学生科学论证的意识和能力。

第二，提升学生的实证思维能力。在判断疟原虫胞吞血红蛋白的运输方式时，学生需要从蛋白质入手，辨析胞吞胞吐是否需要转运蛋白；在解释胞吞胞吐的耗能原理时，学生需要从GTP入手，迁移主动运输中蛋白质磷酸化的相关知识。在解决实际问题的过程中，学生综合运用相关知识突破思维障碍，有利于学生在对比与辨析的基础上构建科学的思维路径，通过深度对比辨析，推动概念学习进阶。

（三）课例点评

首先，"焦点型"教研能够增强教师发现教学问题的意识。教育科研离一线教师并不遥远，真实教学问题就是最好的教研主题。教师能够更加敏锐地发现和提炼教学实践中值得研究的问题，并有意识地将教学问题转变为教研契机。其次，"焦点型"

教研能够提升教师的教育科研能力。教师的教育科研需要站在巨人的肩上，与时俱进地向教育学家、优秀教师和身边同行学习。教师在教研过程中，会经历文献查阅、质性研究、实证研究等教育科研训练，能够迁移运用科学的研究方法去探索和建构新问题的解决策略。最后，"焦点型"教研能够推动教研组的深度教研。在"焦点型"教研中，教研组的教师有着共同的目标，希望实现知识共享和平等对话，这有利于建设共同发展的教师共同体。

三、发展导向式"反思型"教研

反思是教师以自己的职业活动为思考对象，对自己在职业中所持有的观念、所做出的行为以及由此产生的结果进行审视和分析的过程。教师的反思是反省、思考、探索和解决教育教学问题的过程，具有研究性质。发展导向式"反思型"教研是以自我反思为基础、以教师发展为目标，群体合作、共同探讨教学问题的教研活动，活动模式重反思。"反思型"教研具有较强的操作性，可以卓有成效地促进教师的专业发展。

（一）"反思型"教研活动模式

1. 典型特征

（1）问题驱动。

教学研究以教学问题为起点。教学问题可分为理论问题和实践问题，理论问题是针对"是什么"而提出的问题；实践问题是基于事实，针对"怎么做"而提出的问题。例如，依据新课程改革引领的教学观以及所倡导的学习方式，在实践层面上教师具体应该怎么做？这便是指向实际的教学问题。因此，"反思型"教研活动主要是针对实践中的问题而展开的研究。

根据概括程度和抽象程度的不同，可以把实践问题分为情境性问题和跨情境问题两类。前者是针对某一特定、具体的教学内容提出的，如在生物课堂中关于"蛋白质的结构与功能"的教学，教师提出"如何将这一内容与学生的生活联系起来"这一问题，即情境性问题。这类问题由于直接指向教学工作的具体实践，因此问题的解决可以为具体实践提供实在的操作方案。后者针对某一类别或领域的教学内容提出，如在数学课中"怎样体现生活数学课程思想"的问题，这类问题的解决可以为某一类型或领域的实践提供思维框架和行动指南。在教学研究活动中，教师不仅要能提出情境性问题，还要能提出跨情境问题。在教研活动中，教师可以首先畅所欲言地提出自己的问题，其次通过梳理、筛选，最后把一个既具有共性又具有针对性的跨情境问题确定为教师集体研究的主题。

（2）专家引领。

"反思型"教研活动是根据教学实际和相关问题进行的，不仅需要从实践中总结经验，更需要在理论指导下开展实践研究。它不仅需要依靠本校的力量，还需要依靠专业研究人员（专家）的引领。专业研究人员（专家）引领是"反思型"教研活动向纵深可持续发展的关键。专业研究人员（专家）主要包括教研人员、科研人员和大学教师。相对于一线中学教师而言，他们的优势在于具有系统的教育理论知识和专业学科素养。

专业研究人员（专家）引领可以分为显性引领和隐性引领。前者是专业研究人员（专家）到学校进行"在场"理论指导，后者是教师通过阅读专业研究人员（专家）的文本而接受专业研究人员（专家）的"缺席"指导。教师加强理论学习，并自觉接受理论指导，努力提高理论素养，增强理论思维能力，这是从"教书匠"通往专家型教师的必备要素。

（3）课例载体。

通过专业研究人员（专家）引领、个人思考和共同讨论，教师可以从理论上找到解决跨情境问题的策略。那么如何将理论落实到具体的教学实践中并接受检验呢？这就需要以具体的课例为载体，进一步将跨情境问题具体化为情境性问题，设计实际课程内容中情境性问题的解决策略，并通过教学实践验证这一策略的有效性。

在新课程改革中，教学问题不断涌现，这要求教师不仅要应对课堂教学，还要丰富思想。学习的迁移理论认为：只有当学习者主动地概括出一般原理时，才最有利于迁移的发生。因此，教师不能仅仅停留在一个个具体任务完成的阶段，还要适度超越具体情境。

(4) 循环上升。

"反思型"教研活动具有行动研究的性质。每一轮教研活动的结束都意味着下一轮教研活动的开始。在一轮教研活动中，往往不可能解决所提出的全部问题，而且在解决问题的过程中往往又会生成新的问题，这些都将激发教师进一步研究的欲望，推动新一轮教研工作的开展。在这样的教研活动中，教师可以不断提升实践智慧和教学思考能力，促进自身的专业发展。

2. 教研的一般流程

发展导向式"反思型"教研以教学前反思、教学中反思、教学后反思（三段）为基本结构，将个人反思与群体反思（两层）融合起来，"二层"融于"三段"活动之中，能有效地激发和提高教师的反思动力，提升教师的反思能力，促进教师反思习惯的形成，营造教师群体反思的氛围。发展导向式"反思型"教研的一般流程如图4-3所示。

```
┌─────────────┐   ┌─────────────────┐   ┌─────────────┐
│ 第一阶段：  │   │ 第二阶段：      │   │ 第三阶段：  │
│ (教学前反思)│ ⇨ │ (教学中反思)    │ ⇨ │ (教学后反思)│
│ 剖析教学问题│   │ 思维交流，共谋成长；│ │ 评估教学，  │
│ 设计教学流程│   │ 同课异构，竞争共生；│ │ 重构研学    │
│             │   │ 说课研讨，思维碰撞；│ │             │
│             │   │ 专题讲座，专业赋能 │ │             │
└─────────────┘   └─────────────────┘   └─────────────┘
```

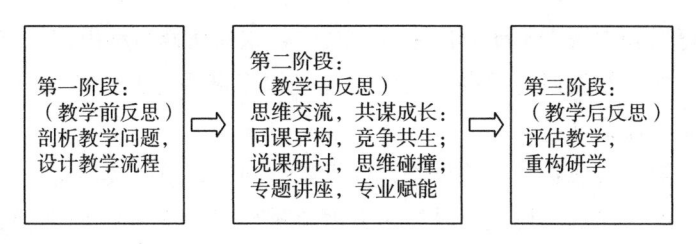

图 4-3　发展导向式"反思型"教研的一般流程

第一阶段，即教学前反思，主要内容是剖析教学问题，设计教学流程。这种反思具有前瞻性，能使教学成为一种自觉的实践，并有效地提高教师教学预测和分析的能力。

第二阶段，即教学中反思，主要内容是思维交流，共谋成长：同课异构，竞争共生；说课研讨，思维碰撞；专题讲座，专业赋能。这种反思具有监控性，能使教学高质高效地进行，并有助于提高教师教学调控和应变的能力。

第三阶段，即教学后反思，主要内容是评估教学，重构研学。这种反思具有批判性，能使教学经验理论化，并有助于提高教师教学总结和评价的能力。

"反思型"教研活动是以教师个人反思为基础的集体研究活动。在"反思型"教研活动的整个过程中，要求教研组每个成员都积极参与，既当演员又当观众，让每个环节都尽可能做到先个人反思后群体反思。

（二）课例：阿坝州第二届"十百千万"名优骨干教师研修教研活动

在"三新"和"双减"背景下，为践行生物学新课标教学理念，提升学生的学科核心素养，助力教师专业能力的发展，需要设计"走出去"的研学活动，这是提升教研组学术能力和拓宽专业视野的重要途径。

四川省阿坝州"十百千万"名优骨干教师培训项目由阿坝州

教育局和中国教师研修网主办。其中，跟岗研修活动由四川省双流中学生物教研组承办。这便是一场以发展为导向的"反思型"教研交流活动。

第一阶段：教学前反思，剖析教学问题，设计教学流程。

教学前的反思主要是提出并明确跨情境问题和情境性问题，并设计两类问题的解决方案。具体操作步骤：①在教师自由发言的基础上概括一个具有共性的跨情境问题；②教研组每位教师通过查找资料、理论学习、总结经验等途径提出跨情境问题的解决策略，并通过集体讨论形成综合性解决策略；③通过集体讨论选择一个合适的课例，围绕该课例将跨情境问题具体化为明确的情境性问题。

第二阶段：教学中反思，思维交流，共谋成长。

（1）同课异构，竞争共生。

四川省双流中学（以下简称双流中学）白玲老师和阿坝州茂县中学陈超老师进行了题为"生态系统的能量流动"的同课异构。白老师以趣味性较强的情境视频"昆虫的盛宴"为切入点，指向食物链的回顾，并开启新课教学，起到了承上启下的作用。在教学中，白老师巧妙地利用情境导入贯穿全程，以逻辑性极强的问题来驱动教学，组织学生通过模型建构的方式解决问题。陈老师则选取了地震后的防护所和人工生态系统等学生熟悉的情境导入新课，提出人工生态系统涉及的食物链问题，利用物理模型卡纸引导学生建构概念。

（2）说课研讨，思维碰撞。

在同课异构后，两位教师从设计背景、设计目标、课标、学情、教学流程、教学反思等方面进行详细的说课。从研究内容的全面性和深刻性看，说课活动的开展深化了学科教学论的实践研究，形成了教育教学研究的新形式，建立了教学研究和教学组织的新机制；完善了教学研究的程序，提高了教学管理水平，加强了教育教学理论在教学实践中的应用。同时，也加强了对教法、学法的研究，实现从"学会"向"会学"的转化，体现了现代教育中的自主学习、探究学习和愉快教育的思想，创造出教师自我提高的新途径。

（3）专题讲座，专业赋能。

双流中学李绍奉老师做了题为"教研引领促发展，凝心聚力共提升"的专题讲座。李老师聚焦生物学科和"双新"基地建设，重点介绍了双流中学生物学科的课题研究、课程建设、课堂教学和教师发展，并以成都市新课程、新教材生物学科实验基地的建设和发展为例，介绍学科组建设的思路。通过李老师的分享，跟岗教师感受到了双流中学生物教研组团结的工作作风和浓厚的学术氛围，也认识了该校优秀的生物教研组建设思路和建设成效。

第三阶段：教学后反思，评估教学，重构研学。

教学后反思主要围绕教学前提出的情境性问题和跨情境问题展开，评估教学方法的有效性和适当性，分析成败得失的原因，重新回答研究之初所提出的问题。此阶段要求先进行个人反思，在此基础上再进行群体反思，强调利用课堂观察、课后访谈、课堂音像资料等事实性证据进行有理有据的讨论。其一般过程为：①授课者和听课者进行个人反思，写出个人反思发言提纲；②授课者向教研组成员及专家谈教学设计与教学效果的感受；③全组教师及专家围绕研究主题展开"沙龙式"讨论，重在评价研究目标的达成情况，剖析成败得失的原因，研究改进教学的策略；④总结本次教学活动的成功经验、存在的问题及改进措施，针对情境性问题提出新的教学设计建议。

例如，课后初中、高中分别进行了沙龙式的议课环节，来自阿坝州的名优教师杨馨和黄凌寒就教师教态、课堂结构、学法指导、板书设计等方面给予了高度评价，双流中学的伍贤军和李绍奉就两位执教老师在课堂中的情境引入、模型建构、教学评一致性以及建构概念的方法等肯定了两节课符合新一轮课程改革的理念，有利于发展学生的学科核心素养。随后，笔者基于两节课例做了题为"聚焦核心素养，助力教师专业发展"的专题讲座，笔者指出概念教学是发展学生学科核心素养的重要路径，一堂好的概念教学课堂需要关注立意、情境和结构三个维度。立意是指聚焦学生的核心素养，而达成素养的载体是情境，在情境中设置任务或问题驱动教学，在精选的活动中利用概念图法、比较法、示错法、归纳与演绎等方法建构概念，实现思维和能力的进阶，形成有逻辑结构的课堂。其为与会老师提供了精准的指导。

（三）课例点评

集智式的教学方案完成后，授课者开始上课，教研组其他教师和专家进行教学观摩。主讲教师应从教研活动研究主题出发，充分展示预定的教学方案；教学后主要围绕教学前提出的情境性问题和跨情境问题评估教学方法的有效性和适切性，重新回答研究之初所提出的问题。此阶段要求先进行个人反思，再进行群体反思，强调利用课堂观察、课后访谈、课堂音像资料等事实性证据进行有理有据的讨论。其一般过程为：①授课者和听课者进行个人反思，写出个人反思发言提纲；②授课者向教研组成员及专家谈教学设计与教学效果的感受；③全组教师及专家围绕研究主题展开"沙龙式"讨论，重在评价研究目标的达成情况，研究改进教学的方法与策略；④总结本次教学活动的成功经验、存在问题及改进措施，针对情境性问题提出新设计建议；⑤对跨情境问题进行重新思考和回答；⑥讨论并确立下一轮教研活动的研究主题。

"反思型"教研活动贴近教师实际、重视问题研究、倡导群体合作，在这样的教研活动中，教师可以不断提升实践智慧和教学思考能力，促进自身的专业发展。

四、融合导向式"创新型"教研

融合导向式"创新型"教研是一种融合导向式的教研组活动模式。"创新型"教研旨在推广先进的教育理念，通过整合资源，搭建合作共享的教研平台，探索教育理念落地生根的可行性。通过及时评价反馈，转化和巩固"创新型"教研成果。"创新型"教研通过资源整合、集思广益、群策群力，建设协同共进的教师发展共同体。

（一）教研活动模式

融合导向式"创新型"教研活动模式以本校教研组为基础，以协同发展为路径，充分整合国家级教研课题、省市级教研活动、中学名校教研资源、高校研修会议等资源，探索构建校内外教师能力建设机制，提炼"合作、共享"的教研组文化，共建以专业学习共同体理念为指导思想的创新型研修模式。

1. 典型特征

融合导向式"创新型"教研具有以下特征：第一，理念先进性。先进的教育理念是一线教学的指导者、领航者、播种者，在教育教学中发挥着咨询研判、督查评估、培训示范、指导引领的作用。融合导向式"创新型"教研拉近了教研组与教育科研成果的距离，能够有效更新一线教师的教育理念，为教师专业发展注入活力与动力。第二，合作共享性。融合导向式"创新型"教研倡导合作共享的教研组文化，搭建优势互补、资源共享、协同发展的平台。充分整合教研组资源，引导教师从教育性、专业性、自主性、实践性等角度集思广益，共同推动形成教研组合作性、开放性、创新性的教育研究新局面。第三，整体发展性。融合导向式"创新型"教研以专业学习共同体理念为指导，探索校内外融合教研共同体建设的机制与策略方法，为教师创立共同发展愿景、创新教师学习共同体的建构模式，在兼顾个体专业发展和教研组整体发展的基础上，最终达成校内外协同发展、融合育人的美好前景。

2. 教研的一般流程

融合导向式"创新型"教研的一般流程如图4-4所示。

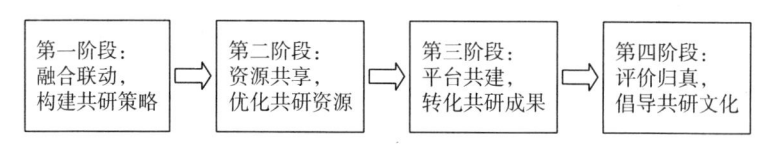

```
第一阶段：      第二阶段：      第三阶段：      第四阶段：
融合联动，  →  资源共享，  →  平台共建，  →  评价归真，
构建共研策略    优化共研资源    转化共研成果    倡导共研文化
```

图4-4 融合导向式"创新型"教研的一般流程

第一阶段：融合联动，构建共研策略。打破地域壁垒，凝聚育人合力，以国家级研究成果为共享平台，实现资源协同创新和思维碰撞互动的合作、共享、共研的教研机制和教研文化。

第二阶段：资源共享，优化共研资源。以国家级教育科研成果为"中心磁场"加速聚力，发挥教育专家和优秀教师的"磁场效应"，改变教研组"育人孤岛"的状况。

第三阶段：平台共建，转化共研成果。开展理论培训、学术研究、课例研讨等教研活动，积极搭建协作互通平台，发挥教师集群一体化效应，落地先进教育理念，切实提升教师的教育教学能力。

第四阶段：评价归真，倡导共研文化。教学评价是对教学工作质量的测量、分析和评定。把好评价关，以评促教，探索共享平台中的同伴复诊和专家会诊等创新路径，充分发挥评价的引导、协调、激励等作用。

（二）课例：事实和证据视野中的课堂教学诊断

为进一步促进教师学习内化优秀教学成果，促进优秀教学成果的本土融合创生，提高课堂诊断水平，提升教科研能力，助力

基础教育高质量发展,基础教育国家级优秀教学成果"事实和证据视野中的课堂教学诊断"推广研讨会在成都市中和中学举行。

第一阶段:融合联动,构建共研策略。

国家级教研成果是新时代中小学教育改革和发展的第一推动力。教育科研成果的推广应用是实现第一推动力的关键环节,是教育科研的"最后一公里"。中国教育学会"基础教育国家级优秀教学成果推广应用工作"调研专家组莅临中和中学,实地考察和评估了基础教育国家级优秀教学成果"事实和证据视野中的课堂教学诊断"在成都市高新区推广应用的可行性。

"事实和证据视野中的课堂教学诊断"是上海市洋泾中学团队在借鉴临床医学教学方式的基础上,历经10年开发出的运用"初诊—复诊—会诊"递进式流程,以事实证据分析为核心判据的课堂教学研究方式,对提升教师理解、评价、改进课堂和改善教学起到了积极的推动作用。该成果从教学要素、环节、结构、行为出发,研发其学术标准和评价量规,创建了教学诊断实验室和网络评课系统,开发了点式、横式、纵式、逆式四种切片类型,改变了教师从个体判断出发,对教育教学现象做主观评价的思维定式,把课打开、深度析理,实现了课堂教学的优化。

第二阶段:资源共享,优化共研资源。

为促进国家级教研成果落地一线教学实践,中和中学生物组参与了"基于核心素养的课堂教学诊断"成果推广研讨会。

第一个环节为课标解读。笔者以"科学思维素养培育与测评——以中学生物学科为例"为题,对科学思维的内涵与特征、科学思维在教材中的体现、科学思维培育与测评实践三个方面进行了深度解读。

第二个环节为主旨报告。笔者以"指向核心素养的概念进阶教学实证研究——以生物学科为例"为题,从生物学学科核心素养与概念学习进阶、指向核心素养的概念进阶体系、指向核心素养的概念进阶教学策略、指向科学思维的概念进阶教学评价四个方面进行了解析。笔者指出，"指向核心素养的概念进阶教学策略"遵循"核心素养—课程标准（学科素养与跨学科素养）—单元设计—课时计划"的教学设计与实施路径，践行"以大概念为核心的整合性教学"，在真实情境中产生大问题驱动教学组织、大任务驱动生物学科课堂教学实践，让概念结构化、体系化，促进学生的思维由低阶到高阶发展，真正实现生物学概念的螺旋式、科学、有效进阶，提升学生的核心素养水平。

第三阶段：平台共建，转化共研成果。

国家级研究成果落地生根，最关键的环节是研究课例的展示。成都市中和中学生物教师李倩展示研究课例"生物变异在育种中的应用"。李老师结合本土特色，以培育优良冬草莓品种为"明线"，以生物变异概念学习进阶为"暗线"展开教学，引导学生在运用生物变异原理解决育种问题的过程中，实现概念学习进阶，培养学生的学科核心素养。

第四阶段：评价归真，倡导共研文化。

（1）同伴复诊。

国家级研究成果持有方上海市洋泾中学生物组姜晨婷老师在线上进行了题为"基于数据分析的生物学课堂诊断——生物变异在育种中的应用"的课例点评。姜老师从课堂整体表现、学生的课堂反应、片段分析、问—答—评结构（IRE）互动分析四个方面进行了"复诊"。来自成都市中和中学的石云、李元凤、尚敏三位老师，来自玉林中学的周群老师，来自铁路中学的杨严老师，来自金堂县淮口中学的唐本华老师，分别基于事实和证据，从指向科学思维的概念进阶教学、课堂教学结构分析、教学目标达成情况分析三个维度进行了切片分析和复诊。每一个维度都依循"摆证据→说结论→析原因→提建议"的诊断流程，对课堂中教师和学生的行为进行切片分析，并提出改进建议。

(2) 专家会诊。

北京市特级教师乔文军对本节课做了高度评价，指出本节课具有五大突出优点：①引导学生主动地参与学习过程；②在解决真实情境中的实际问题的过程中发展核心素养；③问题导向的互动式、启发式课堂教学；④精心设计基础性、探究性、综合性的学习任务；⑤推进信息技术与教育教学深度融合。同时，乔老师希望老师们不断进行五项探索，即改变相对固化的试题形式、增强（问题）试题的开放性、注重从证据到观念的论证过程、由构建概念走向迁移应用、减少死记硬背和"机械刷题"现象。

四川省中学正高级教师、四川省特级教师赵广宇以"解决真实问题，提高复习效益"为主题对上述课例进行了点评。赵老师认为，本节课聚焦学生的问题，促进了学生的深度学习；解决学生的真实问题，提升了教与学的效益；精心设计教学过程，提高了课堂教学质量。

(三) 课例点评

"创新型"教研活动课例给我们的启示：首先，增强教研资源整合意识。学校教研组不应该孤军奋战，而是要打开眼界向国家级教研成果学习，善于向优秀的中学学科教研组取经，充分整合资源，见贤思齐、与时俱进。其次，探索教研成果融入教学实践的有效途径。教研成果并不是空中楼阁，其深刻影响着课堂教学的变革方向。探索教研成果融入教学实践的有效途径，能够推动教师创造性教学、反思性教研，推动创生新的教研成果。最后，有利于构建"教研培"一体化智能实证研修体系。以基础教育国家级优秀教学成果推广应用为契机，整合教师专业发展的"教研、科研、师培"三大路径，以效益提升为目标，以内容范畴为载体，以实证方法为手段，以智能平台为支撑，构建"教研培"一体化智能实证研修体系，助推区域高素质、专业化、创新型教师队伍建设，助力学生全面发展和教育高质量发展。

以上课例在推广实践中应力求做到以下三点：第一，教研组活动应实际化。教研组活动主题应选择贴合教学实际且操作性强的主题，避免脱离实际、大而空。教研组活动主题应对教学实践具有指导意义和借鉴价值。第二，教研组活动应微观化。一线教师由于时间和空间的限制，选的教研主题不必追求高、大、全。每一个教研主题最好从某个具体的小问题做剖析和研讨，力求透彻、深入、有效。第三，教研组活动应系列化。教研组应将教研活动分门别类形成系列，如课堂教学系列、课程建设系列、课题研究系列等。教研组活动课例应集结成教研资源库，既能滋养本组教师专业成长，又能与校内外教师团队交流共享，扩大教研组的影响力。

第二节　教研组特色成果

教研组特色成果主要指根据教研组的特色和特点，动态形成并优化的一系列独特的教育研究项目、研究成果、教学方法、教学管理等。它是教研组成员努力提高教学质量，全面落实教研任务的整体表现，更是教研组发展壮大的活力与动力。中和中学生物组经过多年探索，在教育教学、教师专业发展、团队文化建设等方面形成了一系列富有新时代特色的成果。

一、教研组特色成果的内涵与外延

(一) 教研组特色成果的内涵与外延解读

1. 内涵解读

教研组特色成果的内涵是多元的，主要包括知识成果、技能成果和影响力成果三个方面。

知识成果是指教研组成员根据各自的专业特点，通过深入研究、讨论和思考产生的一系列研究论文、研究报告、教学设计、课件制作等具有知识价值的成果。

技能成果是指教研组通过持续地探索和实践积累的教育教学技巧、管理策略等实践性的成果。

影响力成果是指通过教研工作的开展，教研组的影响力在教师和学生中的提升，以及在外部其他教研单位中的提升。

2. 外延精析

教研组特色成果的外延，不仅包含教研组内部的知识积累和技能提升，更涉及与外部世界的互动交流。

校内交流是指教研组特色成果以其创新性、实用性、启发性等为全校师生提供交流借鉴的对象和依据，形成有效的教学经验传承。

校外分享是指教研组特色成果通过各种形式和渠道向其他教研组、学校、教育机构等进行分享，推动教育行业的创新发展。

总之，教研组特色成果的内涵和外延包括从内部知识技能的提升到对外交流的扩大，既突显了教研组的个体性，也彰显了其社会性，构成了教研工作的重要组成部分，关系到教研组乃至学校教学质量和影响力的提升。因此，教研组特色成果的打造，应当成为教研组工作的重要环节和目标，需要教师同时具备敬业精神与创新思维。

（二）生物教研组特色成果的内涵与外延精析

以中和中学生物组为例，特色成果体现在多个层面：从内涵方面看，主要包括生物学科的知识成果、实践技能成果和组织影响力成果；从外延方面看，主要包括教学实践与课程开发两大块。

1. 内涵解读

首先，知识成果的产生依托于生物教研组对生物学的研究和探索。生物学是一门由广泛而复杂的知识体系构成的科学课程，其知识涵盖了从微观生命过程到宏观生物圈的变化。因此，生物教研组的知识成果就是通过深入研究，探讨这些知识，并将它们形成具有一定研究价值和应用价值的教学素材，如研究报告、教案、微型实验设计等。其次，教师的实践技能成果一方面体现为如何更有效地传递生物学知识和实践技能；另一方面体现为如何提升学生的科学思维和解决问题的能力，如设定生物鉴定任务，引导学生观察比较、进行实地考察和撰写报告。最后，生物教研组的组织影响力成果主要体现在如何能积极推动学校科学教育的发展，提升学生的生物素养，如通过举办生物科普活动，提升全校师生对生物学的兴趣，或与其他学校教研组进行交流互动，展示生物教研特色。

2. 外延精析

从外延方面看，生物教研组的特色成果主要体现在教学实践和课程开发两个方面。在教学实践方面，生物教研组致力于将生物学知识与学生的生活实际相结合，增强生物学的实用性和可操作性。例如，通过解剖、显微镜观察等方式，学生可以深入理解生物的结构、生物分子与细胞的工作方式。此外，生物教研组还会设计一些与生活息息相关的项目任务：调查身边的生物多样性及环境问题等。在课程开发方面，生物教研组一直注重课程的深度与广度，会定期组织教师团队进行教材分析、教案设计及教学反思。总的来说，生物教研组的特色成果不仅体现在内部的研究和实践，也包括外部的影响力和传播，其凝聚了所有教研组成员的智慧与汗水，成为推动学校教育发展的重要力量。

二、"内驱共生"激发教研组生命力

(一)"内驱共生"的理论依据

"内驱共生"的概念源自系统生态学,其中"内驱"涉及教研组内部的教师驱动和创新,"共生"反映了教研组成员间互助合作的精神。这种理念在生物教研组的日常运作中有理论依据。首先,生物的多样性和复杂性要求生物教研组以开放和包容的态度处理教学问题。这需要教研组内部具有很强的自驱力,能及时吸收生物学新的知识和研究成果,探索最新的教育技术和方法,吸取不同的教学理念和经验。其次,生物教育的整体性和关联性要求教研组成员间达成良好的共生关系。每位教师都是生物教研组的重要组成部分,他们之间的交流与合作充分发挥了集体智慧,对打造有特色的生物学教学有着深远影响。

(二)"内驱共生"的生态建设

建构"内驱共生"的生态环境,其核心在于激发团队成员的自我驱动力。"内驱"体现为教研组各成员对提升自身教育教学能力的积极追求,这包括对生物学科的深度理解,对教学技能的提升,以及对教学过程中学生需求的敏感捕捉。"共生"则表现为教研组成员间的良性互动和合作。这包括平时的教学经验分享、课题研发的合作、教学难题的集体讨论等,都可以在提升个体能力的同时汇聚成教研组的整体力量。在生态建设中,教研组应积极采取促进"内驱共生"的措施。例如,定期开展小组研讨,鼓励教师分享自己的教学心得和疑惑,借此提升团队间的信息交流和意见交融;引导每一位成员根据自己的兴趣和特长积极参与教研活动,与团队共享教研成果。

（三）"内驱共生"的良性循环

"内驱共生"的良性循环，意味着教研组成员"内驱"的积极性和"共生"的和谐关系能够相辅相成，形成长效机制。首先，"内驱"能够带动"共生"，教研组成员的积极参与和创新精神会推动团队的发展，激发团队精神，引导团队走向更深层次的合作与共赢。其次，"共生"能彰显"内驱"，团队内的融洽氛围和有效交流会激发每一位成员的工作热情和主观能动性，使他们更有动力投入工作，为团队贡献力量。最后，"内驱"与"共生"形成良性循环，使生物教研组成为一个既有活力又有凝聚力的团体，也能持续推动教研工作的健康发展。

总结起来，生物教研组通过"内驱共生"的理念，激发了自身的生命力。这对于提升教学质量，培养学生的生物学学科核心素养，推动生物学教育教学改革都具有重要的启示和引导作用。

三、"内外联动"助力教研成果丰硕

（一）"内外联动"的保障机制

"内外联动"的保障机制对于教研组能否取得丰硕的教研成果，起到关键性的决定作用。从内部看，生物教研组需要建立一个明确的目标体系，既要注重学科内容的广度和深度，又要关注学生的实际需求和个体差异。从外部看，生物教研组应加强与其他教研组、教师、学生以及学校管理层的紧密沟通和交流，以满足多元化、个性化的教育需求。

生物教研组"内外联动"的保障机制：首先，建设一支高质量的教研组队伍。生物教研组的核心资源是其成员，他们的素质和能力直接影响着教研组的综合素质和能力。因此，加强教研组教师队伍建设，提高教师团队的综合素质和能力，是"内外联动"的第一步。其次，健全教研组的运行机制。明确教研组的工作职责和分工，制定科学合理的工作计划和目标，定期召开内部会议、开展交流活动，加强与外部的信息共享和资源利用，这些都是建立稳定有效的运行机制的重要举措。再次，优化教研组的成果产出。根据学科发展状况和学校的教育教学需要，教研组应重点开展一系列科研课题研究，形成具有较高参考价值的科研成果，增强教研组的影响力。最后，建立广泛的外部联系与合作机制，积极参与校内外的教研活动，获取先进的教育教学理念，以扩大教研组对区域的辐射引领作用。

（二）"内外联动"的反馈调节

生物教研组在实现"内外联动"的同时，亟须一个有效的反馈调节机制以确保教研工作高效运行。具体来说，这主要包括以下两个层面：首先，打造具有科学性和操作性的内部评价机制。通过设立具体指标、明确评价标准、引入多方评价者，形成教师自我评价、同伴评价、下级评价、上级评价等多向的评价体系，以全面准确地反映教研组的工作状况。其次，构建开放的外部反馈环节。教研组需要通过听取外部多方反馈，包括学校领导、学生家长、教师同行等的反馈，及时调整研究路径和教育方法，以适应教育发展的新趋势。

总之，"内外联动"教研策略通过内部保障和外部助力，可以使生物教研组更好地适应教育环境的变化，保持持续的活力。在此过程中，反馈调节机制为教研组提供了持续优化和提升教师自我成长的机会，使教研工作得以顺利进行，形成丰硕的教研成果。

四、"一核二研三课"教研模式赋能教师专业成长

教研组建设水平直接影响着教研组功能的发挥，进而影响着

学校学科建设和教学质量。中和中学生物组创建了"一核二研三课"的教研模式,其中,"一核"是指教研组的核心文化,"二研"是指教研和科研,"三课"是指课例研修、课题研究与课程开发。该模式以先进的教育理念为指导,形成了可操作的实践策略以及优良的建设成效,为教研组内每一位教师的专业成长赋能,为学科教研组发展提供了成功范本,提升了学校的教育品质。

(一)"一核"引动:创生教研组发展新境界

教研组的精神文化是教研组在一个时期的建设成果的凝练。具有凝聚力和生命力的教研组文化能有效促进学科教师的专业成长,创生学科教研组发展的新境界。中和中学生物组精神文化的核心词概括为"三专三共三树",如图4-5所示。

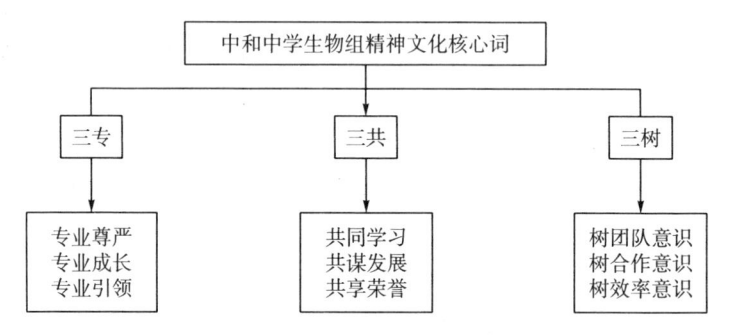

图4-5 中和中学生物组精神文化核心词

"三专"指专业尊严、专业成长、专业引领。在新课标、新教材、新高考背景下,中和中学生物组的教师通过自觉的教学实践从内心深层形成了"成就最好的名师群体"的专业尊严,进而以教育课题研究为途径,在名师团队的专业引领下,促进全体教师的专业成长。

"三共"指共同学习、共谋发展、共享荣誉。中和中学生物组聚焦核心素养视角下的教学研究，以"三共"为出发点，整合名师及专家资源，确立研究方向，搭建共同学习的平台，实现教研组的共同发展。

"三树"指树团队意识、树合作意识、树效率意识。中和中学生物组以"人人投入、相互成就和共建共享"为出发点开展活动，每周更新一期教研主题的公众号文章，每月一次组内晒课研讨和制作一次电子期刊，每季度一次帮扶送课送教活动，每学期一次联谊活动，每年一次论坛活动，等等，通过活动来凝聚组内教师树立团队意识、合作意识和效率意识。

(二)"二研"驱动：创生教研组发展新样态

教研可以促进教师专业素养的提升，促进教师之间的合作交流，使教学质量得到有效提升，从而推动学校在新时代的改革和创新。在"三新"教育改革背景下，教师仅仅参加教研是不够的，要实现教育改革创新，还必须参与教育科研活动。教育科研有利于教师更新教育观念，适应新时代的发展，提升自我价值，从而成为有专业尊严的教师。

1. 教研

中和中学生物组的教研方式包括自主探索式和团队合作式两种。

(1) 自主探索式。

教师在教学实践的过程中会不可避免地遇到许多棘手的问题，如何解决这些问题成为教师思考的重要内容。当这些思考意识化后，教师也就进入"研究"状态，这时自主探索就成为校本教研最基本的形式。

自主探索式教研的一般流程：问题发现→问题反思→课堂观察→实践探索→问题解决。

问题发现：在教学实践中会遇到许多问题，对于这些问题的思考往往是稍纵即逝的。这从客观上要求教师要做一个有心人，随时记录下这些问题并制定一个时间表，督促自己在相应时间内解决。

问题反思：发现问题后，教师要及时进行反思。从教师的角度反思的内容包括教学目标是否合理、教学形式是否恰当、教学方法是否有效等。从学生的角度反思的内容包括是否激起学生的学习兴趣、是否了解学生的已有经验、是否提供了充分的探究空间等。

课堂观察：针对问题有重点地观察学生对教学形式的反应情况和对教学方法的接受程度，及时记录在案。

实践探索：在问题反思和课堂观察的基础上，教师在教学过程中要及时调整，如调整教学目标与进度、变换教学形式与方法等，并注意与之前的教学效果进行比较，找出最佳教学方案。

问题解决：只要教师用心实践，绝大多数问题都能得到解决。若当实践探索后问题仍没有得到很好解决，教师则应寻找外界的支持，如请教有经验的教师或阅读教育教学杂志等方式学习已有的经验，做理论归因，然后再进行实践，以求得问题的解决方案。

(2) 团队合作式。

团队合作是校本教研的常用方式。团队合作、经验分享等能够大大提高教研的效率，推动学校教学质量的整体提高。

团队合作式教研的一般流程：筛选问题→方案设计→对比观察→合作交流→形成策略。

筛选问题：教研组广泛地收集教学中的疑难问题，从中筛选亟须解决或个体解决存在困难的问题来进行集体研究。

方案设计：选准问题后，组长先调动组内成员去设计解决问题的方案，然后组织教师对解决方案进行整合，从中选出解决问题的有效方案。

对比观察：针对同一课程、同一内容的课堂教学，由于教师的教学风格、教学习惯、授课环境条件等不同，课堂进程、结构、师生活动空间、授课方式及其教学效果等方面存在差异。教研组组织教师团队做对比观察，是"教学有法但无定法"的具体反映。

合作交流：教研组组长在校内或区域内组织反馈交流会，对同课异构的教学效果进行比较，以事实说话。在交流的过程中要注意营造宽松愉悦的讨论氛围，让教师充分发表不同的见解。在教学研讨中，教师团队集思广益、建言献策，汇聚集体智慧，博采众家之长，共同商定本节课的改进方案和优化策略。

形成策略：首先通过比较同课异构方案的优缺点，整理出解决问题的有效策略，然后再进行多次实践，并做好经验的推广与共享。为了更真实具体地反映出问题解决的过程，可以采用教育叙事对课堂教学情况进行描述，为同伴提供更形象的教学经验。

2. 科研

中和中学生物组的科研方式为专业引领。在校本教研过程中，通过自主探索与团队合作仍有不能解决的难题，就有必要寻求专业引领来为校本教研指明方向。专业引领可以提高研究的科学性与有效性，进而使教研进阶为科研，再通过科研来反哺未来的教研。

专业引领式科研的一般流程：确定课题→理论支持→实验观察→专业引领→总结成果。

确定课题：研究的课题不是凭空想象的，而是来源于国家教育方针指引，来源于教学实践。如果某个教学问题难以通过自主探索与团队合作解决，而此问题对教学质量的提高又大有裨益，那么教研组就可以把该问题确定为研究的课题。

理论支持：教研组收集、整理相关文献，了解所研究问题的症结和关键。从课程标准与相关解读中寻找理论支持，从经典教育理论著作中查找相关的要点论述,从教育教学期刊的相关文献摘要中构思问题解决的方案。

实验观察:将相关的理论阐述转化为教学行为,在课堂中进行应用实践,观察由此引发的各种教学现象,分析问题的解决情况,落实问题解决措施,并在此基础上修改原有的教学计划。

专业引领:教研组邀请省市教研员、特级教师、学科带头人等专业人士参与课堂,共同分析课堂教学实际情况,完善解决问题的相应策略。

总结成果:理性反思解决问题的具体策略,找出理论与成功策略的对接点,并对要实施的策略做具体描述。

(三)"三课"联动:创生教研组发展新视角

1. 课例研修:促进教师专业发展的有效方式

以"课例"为载体,呈现课程实施的经验及困惑、教学的疑难及问题,借教师智慧,探寻教学策略,分享教学经验,实现优质教学。课例研修的实施程序如图 4-6 所示。

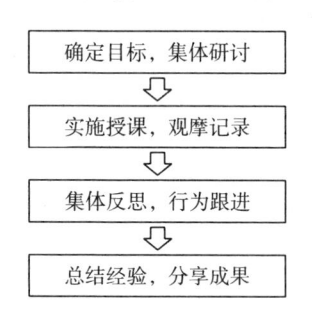

```
确定目标,集体研讨
      ⇩
实施授课,观摩记录
      ⇩
集体反思,行为跟进
      ⇩
总结经验,分享成果
```

图 4-6 课例研修的实施程序

常见的课例研修方式包括一人同课多轮、多人同课循环、同课异构、互助式观课、反思式观课等。

第四章　教研组活动模式、特色成果及建设经验 | 195

（1）一人同课多轮。

同一个教师连续多次执教同一课时内容，在重复相同教学内容的前提下，教学对象不断变化，教学策略不断改进，这种教研方式对促进青年教师的专业成长效果显著。

（2）多人同课循环。

教研组或备课组通过集体备课确定同一课题，形成初步教学方案，由第一个教师按照教学方案执教。第二个教师对第一个教师课堂存在的问题做修正，根据评课结果和自己班级学情上第二堂课；第三个教师对第二个教师课堂存在的问题做修正并上第三堂课；以此类推。

（3）同课异构。

同课异构是根据教研组确定的同一教学内容，同一年级的不同教师根据自己的教学风格、班级学情和教学条件进行不同构想、不同授课方式的差异化教学；其他教研组成员集体听课评课，大家在比较中相互学习，共同提高。

（4）互助式观课。

互助式观课是一种横向的同事之间的互助活动，其基本理念是"以课堂为载体，以观课议课为手段，以教学问题为指向，促进教师专业成长"。教研组在课前确定观课的主题和重点，选择合适的观课点，如教学策略、课堂氛围、教学重难点处理方式等，再按照计划进行观课，做好课堂记录和心得体会。在课后针对主题和重点开展讨论，并在后续教学行为中跟进，把改进的措施融入后续教学活动中。这样通过双方的研讨切磋，改进教学行为，提高教学水平。

（5）反思式观课。

反思式观课也是教师专业能力提升的重要途径。反思式观课不是让教师观摩其他教师的教学录像，而是回看自己的教学实录，借助录像来观察真实的课堂表现，促进教师重新审视和评估自己，反思并完善自己。

课程内容在不断变化，这促使教师不断学习和求知，以丰富自己的学科知识。而课例研修给教师提供了升华教学内容的机会，通过教师之间的交流研讨，促进学科知识的重构。因此，教师要在课例研修中体会和领悟课程的先进理念，**重组修正专业理论和认知结构，获得专业发展的机会**。

2. 课题研究：现代教师的必备素质

随着教育改革的不断深入，课题研究在提升教育质量、促进教师专业发展等方面发挥着越来越重要的作用。研究课题来源于教育教学实践，是一种实践性研究。

课题研究是一个动态发展与不断改进的过程，教师针对自己在教学实践中遇到的问题进行研究，然后取得成果，在交流分享经验和学术互助的过程中将这些成果再次运用到教育教学实践，实现从理论到实践的二次飞跃。课题研究来源于真实教学情境中的真问题。教研组通过交流研讨、脑力激荡，挖掘出有价值、有可行性的研究问题，用课题研究提升教学效果，推动教师专业发展。

课例：特色课题研究成果——构建基于讨论的 LDPE 课堂教学模式。

中和中学生物组开展了"基于讨论的生物潜能课堂教学模式研究"的课题研究，经过多年的教学实践，总结提炼出"基于讨论的 LDPE 课堂教学模式"（见图 4-7）。该模式分为创设问题情境、开展讨论探究、促进展示交流、完善归纳测评四个环节。随着该模式的推广和应用，不仅全面提高了教学质量，而且有效提升了学生的综合素质和能力。

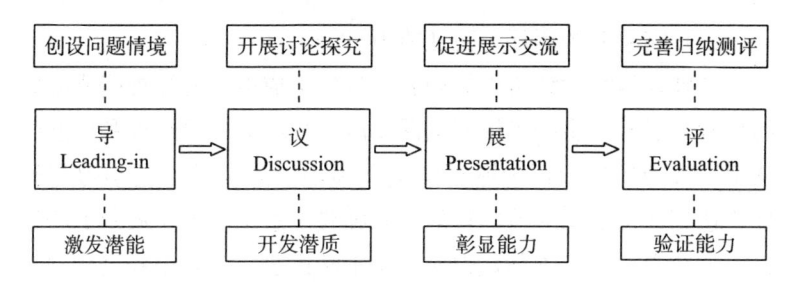

```
创设问题情境  →  开展讨论探究  →  促进展示交流  →  完善归纳测评
    导              议              展              评
 Leading-in      Discussion     Presentation     Evaluation
   激发潜能         开发潜质         彰显能力         验证能力
```

图 4-7　基于讨论的 LDPE 课堂教学模式流程

（1）创设问题情境，激发潜能。

教师富有亲和力，重视与学生的情感交流；教师总是面带笑容进入课堂，亲切地向学生问好；教师上课富有激情、生动活泼，创设真实问题情境，吸引学生的注意力，提高了课堂教学效益。教师注重开发有价值的问题，激发学生思考和展示交流的愿望，有效唤醒学生的潜意识，开发学生的潜能。教师针对学生回答问题时常常出现胆小、怕出错等实际情况，对学生坚持正面鼓励，让学生体验到进步，激励学习自信心，有效激发学习的兴趣和热情。

（2）开展讨论探究，开发潜质。

教师鼓励学生质疑问难，提倡争辩问题，允许出现错误，允许相互纠错。在讨论探究中，锻炼学生有效表达自己观点的能力，从而认同自己的主张；提醒学生注意倾听别人的见解，以便提升自己的认知。同时要以宽容的态度，求同存异，互帮互助，实现小组行动目标。让学生在语言的激烈交锋、思维的激烈碰撞中，实现自身潜质的开发。

（3）促进展示交流，彰显能力。

教师注重讨论探究后的展示交流环节，要求负责展示的学生代表声音洪亮、语言表达言简意赅，观看展示的学生要认真倾听并做好观察笔记，及时质疑与补充完善。这样有利于生物学学科核心素养目标的实现和学生能力的彰显。

(4) 完善归纳测评，验证能力。

教师重视教学评价以检测教学目标达成度，通过提问或习题的检测，引导学生的思维向纵深发展，加深对问题深度和广度的认识。教师的教学评价贴近学生实际，以激发学生的学习积极性，达到促进展示交流的目的。教师要注意保护学生展示的积极性，鼓励学生主动参与，促使学生不断进步。教师要积极创立积分评比法并开发活动评价量规和语言或实物激励法，让学生对课堂充满期待，增加参与课堂讨论的积极性。

上述教学模式取得了明显效果：首先，实现了大面积提高教学成绩的目的，最大限度地提升了学生的学习积极性和主动性，激发了学生的学习兴趣，开发了学生的学习潜能。其次，让课堂焕发了生机和活力，让学生爱上课堂，学习参与度、思维活跃度明显提升，促进了学生理解力、记忆力、思维力、想象力的提高；让学生在喜闻乐见的活动中学得知识，合作精神、交际能力、竞争意识、分析问题与解决问题的能力都得到了同步发展，为后续学习和人生发展奠定了良好的基础。

3. 课程开发：拓展教育性经验新境界

从广义上看，课程是一种教育性经验，是对主题产生积极影响的各种因素的总和；从狭义上看，课程专指学校场域中存在和生成的有助于学生积极健康发展的教育性因素以及学生获得的教育性经验。课程开发的出发点是学生，课程开发的根本目的是使学生能从其中学到生存的本领、生活的智慧，并且能在学习过程中感受、体验生命的意义、价值和尊严。

中和中学生物组学科课程体系如图 4-8 所示，包括学科基础课程、专业体验课程、职业技能课程、人文情怀课程等。中和中学创建了种植技术实训基地及园艺实训基地（见图 4-9），让学生自建了开心农场，亲手种植作物，观察植物的生长发育、开花结果。学生除了获得物质上的收获，还锻炼了动手能力和团队协作精神，也形成了保护环境的意识，这种教育课程比单纯的课堂讲授更加深刻、生动，对学生的成长有积极影响。

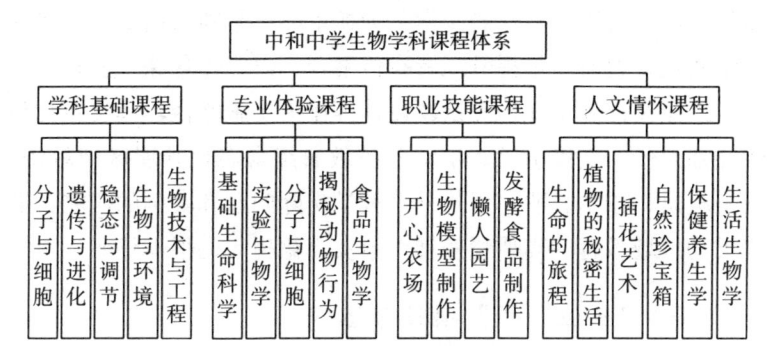

图 4-8 中和中学生物组学科课程体系

图 4-9 中和中学种植技术实训基地和开心农场

中和中学生物组通过课例研修、课题研究和课程开发的"三课"联动，使课堂教学得到改进与发展，从而优化了课程设置，提高了教学质量，符合学生发展的规律，促进了学生的全面发展；在专业引领下，教师也获得了更优质的教育资源和教学环境，专业尊严、专业成长得到有效提高。

五、"三位一体"项目指导联盟教研组发展

四川省成都市新都一中（以下简称新都一中）在新课程背景下，针对县域高中存在的教育高质量提升困境、教师队伍高质量

发展难题、课堂建设瓶颈等问题，通过访谈、问卷、案例分析等多种方式对各学科教研组进行了深入调研，提出了"三位一体"项目。该项目以"教—研—学"为抓手，将教师培训学习、课堂教学实践、教研质量提升三者有机融合，以集体备课、公开示范课、作业设计和单元检测试题设计等作为实施路径，其实施有利于加强教研的支撑引领，推动各校教研组常态化开展区域教研、网络教研、校本教研，强化基于教学实际问题和案例的研究，最终推动区域教育的高质量发展，落实立德树人的根本任务。

（一）"三位一体"项目介绍

新都一中的"三位一体"项目受到了成都市教科院、各省市名师工作室、新华文轩、蓉城名校联盟等单位的大力支持。其中，成都市教科院派学科教研员做指导工作，新华文轩负责出版工作，四川省刘旭东名师鼎兴工作室负责项目研究与设计以及直播工作，蓉城名校联盟负责日常协调工作等。该项目在实施过程中，受到广泛关注。重庆市九龙坡区，四川省绵阳市、德阳市、自贡市等地学校代表纷纷到校考察学习，希望能够加入该项目。此外，雅安市高中教育共同体也和该项目达成协议，共同实施"三位一体"项目，以此推动学校高效备课组建设工作。

在"三位一体"项目开展过程中，有 15 所学校的千余名教师加入了该项目的教学研究与实践，使教研组的教研活动不再是常规性的工作布置，而是教育教学探讨场；使示范课、公开课的课后研讨不再是组织者的"独角戏"，而是参会教师各抒己见。

（二）"三位一体"项目典型模式

成都市蓉城名校联盟中的 14 所县域省一级示范学校经过研讨构建了"三位一体"项目典型模式的操作流程，主要内容包括集体备课、作业设计、公开课。"三位一体"项目典型模式由六个步骤构成（见图4-10）：第一，教师示范，即由教师执教公开示范课；第二，执教教师说课，即由执教教师分享该课时的教学设计以及教学实践情况反思；第三，专家议课，即由专家和参会教师对示范课进行研讨；第四，集体备课，即由备课组就单元解读、教学设计和PPT、作业设计、单元检测试题、下一阶段任务分工进行研讨；第五，专家指导，即由专家点评集体备课情况并提出修改意见；第六，专题讲座，即由专家做专题讲座，指明后期教研和教学的方向、方法。

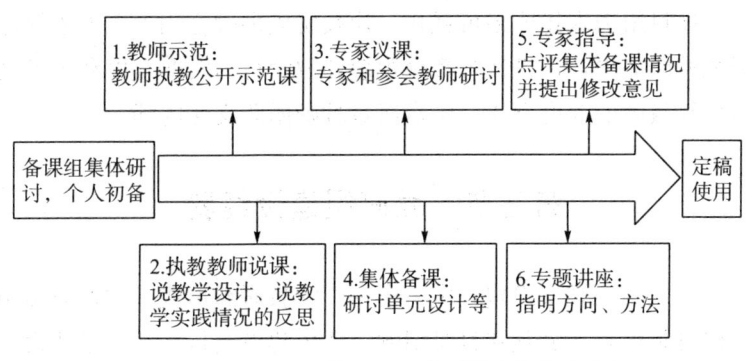

图4-10 "三位一体"项目典型模式的操作流程

在践行上述操作流程时，需要注意以下几点：

（1）一个学校教研组的精力和时间是有限的，难以在短时间内完成三年的集体备课、准备公开示范课、作业设计和单元检测试题设计等一整套体系工作。因此，把集体备课、准备公开示范课和作业设计合为一个整体，在区域联盟学校中发布揭榜令，由每一学科挂帅的学校教研组担任总指挥并把任务分解为若干份，向其余联盟学校的教研组发布征集令。

（2）揭榜的教研组在总设计模板的基础上，以各学科的某单元为例，设计出本学科的单元教学设计、课时配套PPT、作业设计和单元检测试卷模板，并准备公开示范课。

（3）按照任务的分配顺序召开线下集体备课活动，各联盟学校的学科教师参加线上线下活动。按照公开课、评课、集体备课、专家指导和专题讲座的流程开展"三位一体"集体备课线下教研活动。

(4) 承担的教研组按照挂帅教研组设计的模板进行单元备课，初步完成后，向挂帅教研组组长提出线下教研活动申请，同意后在所在学校开展线下教研活动。

(5) 承担的教研组完成教学任务后，在 3~5 天内修改完善教学设计、教学 PPT、作业设计和单元检测试题设计等。

项目组力求将成果可视化，让教研成果融合创生，带领教师凝练教研成果，促进教师教育观念和教学行为转变，以利于各联盟学校教师的深度合作，丰富区域教师团队文化内涵。

第三节 教研组建设经验

在长期的教研组建设中，中和中学教研组形成了"教研组制度建设是保障、文化建设是引领、队伍建设是核心、课堂建设是基石、科研建设是动力"的建设经验。

一、制度建设是保障

(一) 研讨式培训，加强对教研组日常工作的有效管理

首先，学校加大对教研组组长的培训与考评力度。每月初，学校召开教研组组长例会，对教研组组长进行业务培训和组织管理能力指导。每月末，学校组织开展教研组每月考评会。考评会上，教研组组长对当月工作进行梳理总结，填写教研组工作月报表。学校通过月末的教研组考评会对各教研组进行评价，并在此基础上开展教研经验交流。教研组组长总结本组教研活动的开展

情况，交流经验，反思得失，呈报疑问，集体探讨解决方案，实现组间的资源共享，促进同伴互助、专业成长。其次，学校通过每月的教研日，加强教研组的有效研讨与展示交流。每月一次的教研组教研日活动，由教研组组长主持，学校分管领导、全体教研组教师共同参与。教研日活动主要完成以下任务：一是进行教育教学理论学习，教研组事先将学习资料下发到每位教师手中，并提出若干值得思考的问题，然后集体学习、讨论；二是进行教学实践交流，如分小组从说课、上微课以及课后反思等方面入手，尤其重视实践操作和展示环节；三是开展小课题研究，针对教学实践中的课题做专题研讨。同时，根据教研组中存在的主要问题进行反思与改进，并提炼出下一周的研究主题。

（二）捆绑式评价，实现对教研活动有效性的督查评价

加强对教研活动的有效性督查评价，是提高教研意识、规范教研行为、建设有效教研的有力保障。为了更好地激发教师参与教研活动的积极性和主动性，凝聚教研组教师开展合作学习、实践研究的力量，学校重视评价制度、奖励措施的及时跟进，对教研组进行月考核和期考核，每学年度评选出优秀教研组，并将评选结果作为教研组全体教师绩效考核的一项依据，即进行捆绑式评价。为此，学校制定了《教研组组长职责》《有效教研组建设评优标准》《优秀教研组评比细则》《校本研修先进个人评选条件》，设计了"教研组组长月报表""教研组组长月工作小结汇总表""教研组组长自评表""教师自评表"等，及时对各教研组开展的教研活动进行评价。

二、文化建设是引领

(一) 共享式发展，打造教研组教师成长共同体

在建设有效教研组的过程中，学校强调组内教师要实现三个共享，即智慧共享、资源共享、经验共享，同时注重对教研组内优秀教师的经验进行提炼推广。为此，学校改进了备课形式，重点抓集体备课质量，构筑学科教与学的备课平台，形成优秀的"教学共同体"。学校每周安排主题研讨课，推选一位教师面向全校做公开示范课，在他的背后是一个以教研组组长为首的智囊团，而公开示范课从教学设计到课件制作、从课堂组织到提问技巧，大至课型模式、小至表扬学生时的眼神，都是全组教师集体智慧的结晶。教师的集体荣誉感很强，因为公开示范课不仅代表了个人水平，更代表了整个教研组的水平。学校倡导建设"分享型教研组"，做"分享型同事"，促进形成良好的学习研讨氛围。教研组教师团队践行"凝心聚力、集思广益、共建共享"的精神，促进了教研组内教师成长共同体的形成，为全面提升教学质量提供了有力保障。

(二) 群体化展示，增强教研组共研共学的凝聚力

学校通过定期开展以教研组为单位的主题展示交流活动，每一次的分享交流不只是打造教研组团队的过程，无形之中也在各教研组之间形成了"研、比、学、赶、超"的氛围，促进了学校教师队伍的整体发展。

例如，每学期初学校会举行学生假期特色作业交流活动，在教研组组长的认真组织下，各教研组内的教师群策群力，制定详细的展评方案，分别展示学生的手工小制作、书法作品、假期社会实践成果、假期阅读交流等创新性实践成果等，这一活动不仅

加强了教研组间的交流，而且增强了教研组内教师的凝聚力。

再如，学校每月开展一次"十分钟分享"活动，即将每月一次的教师例会前十分钟用于各教研组轮流做分享交流，包括轻松一刻、推荐交流、经验分享三个部分，为教师搭建了组与组之间互相学习的平台。各教研组对"十分钟分享"活动都非常重视，在组长的带领下，教师分工合作，有的通过多方面渠道查阅资料，有的撰写组内共建共享经验总结等。在面向全校展示前还要进行彩排。例如，中和中学生物组通过自编的舞台剧表演来展示教研组内的教学教研生活；艺体组的教师更是各显其能，随着悠扬的钢琴合奏，音乐老师翩翩起舞，书法老师的书法作品、绘画老师的国画作品一气呵成，这一切不仅展示了教师扎实的基本功，更展示了教研组内教师团结合作、积极向上的精神状态。

（三）课题化推进，形成研究型教研组文化

学校积极开展小课题研究，立足校本，解决本校教师在教学中遇到的问题，在课题研究中推进教研组整体研究能力提升。学校分管领导深入课堂、走近教师，设计调查问卷，充分分析教学现状，认真剖析存在的问题，组织以教研组为单位的集体讨论，深入探讨学校各年级、各学科存在的教学问题。

课堂是小课题研究的主阵地，只有聚焦课堂才能让课题研究充满生机。学校积极开展"乐学课堂"教学研讨系列活动，积极形成研究型教研文化，包括"乐展课堂"的新教师风采展示课、"乐启课堂"的骨干教师示范课、"乐引课堂"的首席教师引领课、"乐享课堂"的新课标分享课、"乐研课堂"的教研组研讨课及校级展示课等。

三、队伍建设是核心

在当今的教育领域，教研组作为教师交流教学经验、提升教学能力的平台，其重要性不言而喻。而在教研组的建设过程中，教师队伍建设的作用尤为突出。在教育的世界里，教师是灵魂的工程师，是学生成长路上的引路人。教师队伍建设不仅是提升教研组整体水平的关键，更是推动教育创新发展的核心力量。这不仅关乎每一个教师的专业成长，更关系到整个教育体系的质量和未来。

第一，高素质的教师队伍是提升教研组教学水平的基础。教师的专业素养和教学能力直接关系到学生的学习效果和全面发展。只有具备高素质的教师，才能在教学实践中不断探索、创新，形成自己的教学风格和特色，为教研组的整体发展注入活力。因此，加强教师队伍建设，提高教师的专业素养和教学能力，是提升教研组教学水平的必由之路。

具体经验做法：一是增强培训和进修，为教师提供定期的培训和进修课程，内容可以涵盖教学方法、教育技术、学科专业知识等多个方面，以确保教师能够跟上教育领域的最新发展趋势。二是制订专业发展计划，为教师制订个人专业发展计划，以鼓励他们在自己的领域内持续学习和成长，具体可以包括阅读专业书籍、参加研讨会、发表论文等。三是构建教学评估和反馈，建立激励机制，如建立有效的教师评估体系，定期对教师的教学进行评估，并提供反馈，以帮助教师了解自己的优点和需要改进的地方。同时，通过建立激励机制，表彰和奖励在教学和科研方面有突出贡献的教师。四是招聘高水平的教师。在招聘过程中，优先选择那些具有高度专业素养和教学能力的教师，从源头上保证教师队伍的整体素质。五是鼓励教师创新和合作，创造一个鼓励创新和实践的教学环境，让教师可以自由地尝试新的教学方法和技术。鼓励教师之间的合作，通过分享经验和资源，共同提高教学水平。六是提供持续的职业发展机会。除了培训和专业发展计划，还应为教师提供一些持续的职业发展机会，如参加学术会议、研究项目等。七是关怀教师心理健康。关注教师的心理健康，提供必要的心理支持和辅导，帮助教师应对工作压力。

第二，教师队伍建设有助于培养教师的团队合作精神。在教研组中，教师之间的合作与交流是必不可少的。通过集体备课、课题研究等形式，教师可以相互学习、取长补短，形成良好的团队合作氛围。一支具备团队合作精神的教师队伍，能够充分发挥每个人的优势，共同攻克教学难题，提升教研组的教学水平和影响力。

第三，优秀的教师队伍是推动教育创新的关键。随着教育改革的深入推进，对教师的创新能力和教育观念提出了更高的要求。只有具备创新意识和创新能力的教师，才能适应和推动教育的创新发展。因此，加强教师队伍建设，培养教师的创新意识和创新能力，是推动教育创新发展的关键所在。

第四，教师队伍建设有助于提升教研组的社会影响力。优秀的教师不仅是教育的中坚力量，也是社会进步的重要推动者。一支具备高素质、创新精神的教师队伍，能够得到社会的广泛认可和赞誉，提升教研组的社会影响力和知名度。同时，教师通过参与社会活动和学术交流，可以拓宽视野、丰富知识结构，为教研组的未来发展注入新的动力。

教师队伍建设在教研组建设中具有核心地位和重要作用。只有不断加强教师队伍建设，提高教师的专业素养、教学能力和创新能力，才能为教研组的持续发展提供有力保障。因此，学校必须高度重视教师队伍建设工作，加大投入力度，完善培养机制，打造一支高素质、创新型的教师队伍，为推动教育事业的繁荣发展做出积极贡献。

四、课堂建设是基石

课堂建设作为教研组建设的基石，对教学质量和教师专业成长起着至关重要的作用。

第一，课堂是教师实践教育理念的主要场所。教师的教育理念和教学方法，只有通过课堂实践才能得到检验和提升。通过课堂建设，教师可以不断反思自己的教学实践，调整教学策略，提高教学效果。在这个过程中，教师的专业素养得到了提升，从而为教研组的建设提供了坚实的基础。

第二，课堂建设有助于提高学生的学习兴趣和学习能力。一个良好的课堂环境，能够激发学生的学习兴趣，培养学生的学习能力和思维习惯。而这种能力和习惯的培养，正是教育的重要目标之一。因此，通过课堂建设，教师可以更好地实现教育目标，强化学生的学习效果。

第三，课堂建设是教师之间进行教学交流的重要途径。在教研组活动中，教师可以通过观摩、研讨等方式互相学习、互相借鉴，共同提高教学水平。而这种交流和合作的精神正是教研组建设的重要内容之一。通过课堂建设，教师可以更好地进行交流合作，促进整个教研组的发展。

课堂建设是教研组建设的基石。只有把课堂建设好，才能提高教师的教学水平，激发学生的学习兴趣和学习能力，促进教师之间的交流合作，形成良好的教学氛围。因此，我们应该充分认识到课堂建设的重要性，努力加强课堂建设工作。

五、科研建设是动力

在教研组建设中，科研建设的作用不容忽视。科研建设不仅是提升教师学术水平的关键，更是推动教研组持续发展的强大动力。

第一，科研建设有助于提升教师的学术素养。通过参与科研项目，教师能够接触到学科前沿知识和研究动态，从而不断更新自己的学术观念和知识结构。同时，科研活动能培养教师的批判性思维和问题解决能力，使教师在教学过程中更加注重培养学生的创新精神和实践能力。这不仅有利于提高教师的教学效果，还能为教研组的教学改革提供学术支撑。

第二，科研建设能够增强教师的团队协作能力。在科研项目中，教师需要与同行进行深入的学术交流和合作，共同攻克难题、分享研究成果。这种合作模式有助于培养教师的团队协作精神，提升教研组的整体凝聚力。同时，科研项目往往需要跨学科合作，这有助于打破学科壁垒，促进不同学科之间的交叉融合，为教研组的多元化发展提供可能。

第三，科研建设能够为教研组的发展提供持续动力。通过科研创新，教师可以不断探索新的教学方法和教学模式，推动教研组的改革与发展。同时，优秀的研究成果可以转化为教学资源，进一步提升教学质量，形成科研与教学的良性互动。这种以科研为驱动的发展模式，有助于教研组在教育领域保持竞争力。

科研建设是推动教研组持续发展的强大动力，通过加强科研建设，教师可以提升学术素养、增强团队协作能力、探索创新发展路径、扩大社会影响力。因此，学校必须高度重视科研建设在教研组建设中的地位和作用，不断加强科研投入和教师培训，以科研建设引领教研组的未来发展。

参考文献

[1] 中共中央马克思恩格斯列宁斯大林著作编译局. 马克思恩格斯全集：第26卷第1分册［M］. 北京：人民出版社，1972.

[2] 中华人民共和国教育部. 普通高中生物学课程标准（2017年版2020年修订）［M］. 北京：人民教育出版社，2020.

[3] 刘知新. 化学教学论［M］. 5版. 北京：高等教育出版社，2020.

[4] 杨向谊，陆葆谦，等. 互动·共享·创新——学校教研组建设的新探索［M］. 上海：上海教育出版社，2009.

[5] 梁威，卢立涛，黄冬芳，等. 夯实基础——中国特色教研组建设［M］. 北京：北京师范大学出版社，2014.

[6] 王永和. 教研组建设简论［M］. 上海：华东师范大学出版社，2008.

[7] 张剑杰. 中小学教研组建设［M］. 南京：南京师范大学出版社，2010.

[8] 赵功伟. 提升教研组管理水平——南京市红山小学教研组建设的思考与实践［J］. 江苏教育，2017（54）：16－18.

[9] 胡艳. 专业学习共同体视角下的教研组建设——以北京市某区中学教研组为例［J］. 教育研究，2013（10）：37－43.

[10] 段启辉，赵红. 新课程背景下生物学校本选修课程开发初探［J］. 中学生物教学，2019（23）：24－26.